AF452394

MÉTHODE

POUR

APPRENDRE SEUL A PARLER ASSEZ BIEN LATIN.

DÉDIÉE

Aux écoliers, principalement aux phyloglottes adultes.

Par **MAZOYER** du Puy (*Haute-Loire*),
Bachelier-ès-lettres, ex-professeur de grec et de latin,
correcteur-typographe.

Nisi prodest factum, stulta gloria.

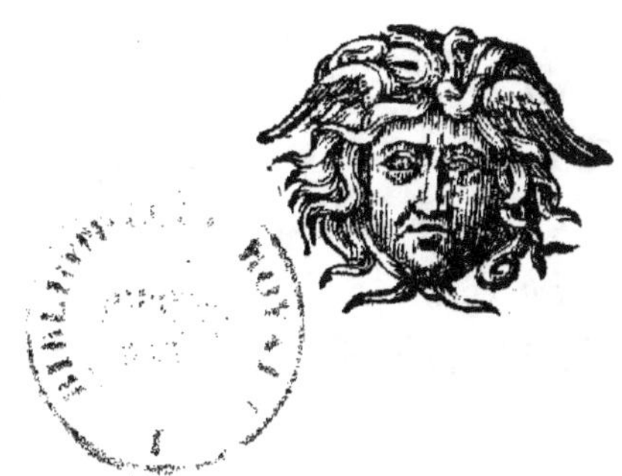

LYON,
IMPRIMERIE DE J. M. BARRET.
—
1838.

UTILITÉ DES PRÉFACES.

La préface est à un livre ce qu'un péristile est à un palais, ce qu'une cocarde est à un chapeau de soldat. Elle indique l'ordre de l'architecture intellectuelle, elle signale l'opinion de l'écrivain ; c'est souvent aussi un phare lumineux dont les reflets se projettent sur les parties les plus obscures d'une œuvre d'imagination , et qui servent à lui donner parfois l'originalité, la hardiesse et la vie.

(AM. DE BAST.)

PRÉFACE.

✳

Pénétré du désir d'épargner aux phyloglottes adultes la longueur du temps et toutes les peines que coûte la manière synthétique et prolixe d'apprendre le latin dans les lycées, colléges et pensions ; voulant, d'un autre côté, fournir à ceux qui n'ont pas réussi dans leurs classes tous les moyens de réparer les moments perdus, j'offre au public une Méthode succincte et avantageuse, par laquelle, avec le secours du *Nom* et du verbe *Sum* seul, on peut apprendre facilement, sans maître et en quelques mois, à parler assez bien latin pour être compris dans touts les pays du monde savant. En effet, c'est ici que l'émigré, le navigateur et le guerrier, pour peu qu'ils soient judicieux et attentifs, apprendront bientôt l'utile et agréable talent de n'être pas étranger chez les étrangers, en cas d'exil, de captivité ou de tempête. C'est ici encore que les écoliers puiseront des principes de latinité qu'on ne leur enseigne peut-être pas. C'est ici que les professeurs eux-mêmes avoueront consciencieusement qu'une telle Méthode est de la plus grande utilité pour les jeunes gens qui désirent savoir un peu de latin, et à qui l'âge et les moyens pécuniaires ne permettent pas de suivre huit ans de classes. C'est ici que les artistes et ouvriers, pendant leurs heures de repos, les malheureux dans l'adversité, les vieillards dans leur paisible retraite, trouveront, les uns des sujets de récréation, les autres de soulagement à leurs maux. C'est ici enfin que les pères et mères de famille passeront, en s'instruisant avec leurs fils laborieux, les veillées les plus agréables. Puisse donc ce petit ouvrage mériter l'approbation du public, principalement celle des phyloglottes adultes pour qui j'ai travaillé. Oh ! que je serais heureux, si j'apprenais qu'ils en ont agréé l'hommage ! mes vœux seraient alors accomplis. Qu'on se garde bien cependant, d'après de tels souhaits de ma part, de croire que mon *Vademecum* possède le talent de faire des *Cicéron* ou des *Quintilien* ; le but de ma Méthode, je le répète, est d'enseigner à toute personne studieuse des étymologies utiles, des solutions importantes, et de la mettre à même d'apprendre un peu de latin pour son usage sans les leçons d'un professeur. Voilà, Français, voilà le travail, digne d'indulgence, d'un prolétaire qui n'a d'autre devise que celle de l'illustre Fabuliste romain : « *Nisi prodest factum, stulta gloria;* Si ce que nous faisons n'est utile à nos semblables, la gloire est nulle. » Tels sont les sentiments d'un philanthrope zélé, naguère régent, aujourd'hui ouvrier sans *planche certaine de salut*, par rapport à nos dissensions intestines que je prie l'Éternel de faire disparaître pour toujours de notre chère patrie trop long-temps malheureuse.

Je termine, ayant l'honneur de saluer la noble Nation, et d'être un de ses fidèles enfants,

MAZOYER, typographe.

MÉTHODE

APPRENDRE SEUL A PARLER ASSEZ BIEN LATIN.

RÈGLE PREMIÈRE.

DES PARTIES DU DISCOURS.

Est nihil ignaro : docto sunt omnia secum ;
Est civis cunctâ doctus in urbe degens.

L'ignorant n'a rien : le savant possède tout ;
il n'est étranger nulle part.

Les grammairiens, tant anciens que modernes,
même les plus célèbres, ne sont pas d'accord sur
le nombre des sortes de mots en latin. Les uns,
tels que Vossius, Probe et Macronius, n'en ad-
mettaient que trois; les autres, tels que Palémon,
Sanctius, Alde, Budée, Herkmann, Malosse et
Zoronoff, en ont enseigné cinq. Quelques-uns
aujourd'hui en comptent huit, et la plupart neuf,
qui sont : le *nom*, l'*adjectif*, le *pronom*, le *verbe*,
le *participe*, l'*adverbe*, la *préposition*, la *conjonction* et l'*interjection* ; enfin le savant Enjolras,
mon maître, honoré par plusieurs inspecteurs de
l'Académie, sous l'empire, du beau titre de latiniste *par excellence*, n'a toujours expliqué à ses

élèves que deux parties du discours, savoir : le *nom* et le *verbe multiple*, c'est-à-dire de plusieurs sortes.

Pour moi, imbu des principes de mon excellent professeur, dont j'ai été le fidèle disciple jusqu'à la fin, je n'admets aussi que deux sortes de mots, les mêmes que celles de ce bon et tendre père spirituel, les seules, d'entre les neuf, qui soient susceptibles de changer de forme, et dans lesquelles sont absorbées toutes les autres, excepté les indéclinables, je veux dire : l'*adverbe*, la *préposition*, la *conjonction* et l'*interjection*, qui ne sont que de simples mots auxiliaires, incapables de former entr'eux une phrase, servant seulement à joindre les deux parties que j'admets ici, à les embellir, et à spécifier ou déterminer leur signification ; mais je diffère du sentiment de mon maître, en ce qu'il admettait à toute rigueur et sans aucune décomposition les nombreuses sortes de verbes latins, dont l'étude trop compliquée et trop longue ne convient nullement aux phyloglottes adultes, tandis que le verbe *Sum* seul fait la base de ma Méthode, et la rend extrêmement facile, par le puissant rôle que je lui fais jouer ici.

Or, ces deux parties essentielles du discours, qu'il suffit d'étudier avec attention pour se former soi-même assez bon latiniste, sont : 1º le *Nom*, qui marque les choses ; 2º l'unique verbe *Sum*, qui, avec l'aide du *Nom*, explique l'affirmation ou le jugement qu'on fait des choses. J'ai dit *unique*, parce que ma Méthode, réduisant tous les verbes latins, excepté l'impersonnel, à de simples participes, ne connaît ici que *Sum* en son entier, c'est-à-dire tel qu'il se conjugue ordinairement; *Sum*, dont les qualités sont si riches et si puissantes, qu'elles font disparaître radicalement de mon ouvrage le plus grand obstacle de la langue latine, savoir : toutes les difficultés que présentent en foule les divers modes et temps des nombreux verbes latins, soit actifs et passifs, soit déponents, neutres, défectueux et autres hétéroclites ; difficultés épineuses, qui exposent les commençants à faire des barbarismes, et sont, en outre, pour eux un vrai casse-tête : car il faut avoir été écolier pour avouer franchement de telles peines ; or, développons maintenant et éclaircissons par les meilleurs principes ces deux parties fondamentales de mon *Vademecum :* le *Nom* et le verbe *Sum* seul.

RÈGLE II.

DU NOM.

Le nom, en latin *nomen* diminutif de *nominatio* qui, en français, veut dire *manière de nommer ;* le nom, dis-je, est un mot qui sert à nommer ou à qualifier quelque chose ; il y a donc deux sortes de noms :

1° Le nom *substantif*, dont l'étymologie vient de *substitum* supin, en rigoureuse latinité, du verbe *substare* qui veut dire *subsister*, et dans lequel sont compris tous les pronoms, excepté les possessifs, qui sont renfermés dans les adjectifs;

2° Le nom *adjectif*, ainsi appelé d'*adjectum* supin, toujours en stricte latinité, du verbe *adjicere* qui veut dire *ajouter*, et dans lequel sont compris les pronoms possessifs et tous les participes.

Le nom *substantif* est celui qui désigne simplement la chose, et qui subsiste de lui-même dans le discours, comme *opifex*, l'ouvrier; *miles*, le soldat; *famulus*, le serviteur, etc.

Le nom *adjectif* est celui qui marque de quelle façon est la chose, et qui sert à la qualifier, comme *bonus*, bon; *jucundus*, agréable; *magnus*, grand, etc. C'est pourquoi on connaîtra qu'un nom est adjectif, quand on pourra y ajouter ce mot *chose* : ainsi *beau*, *blanc*, sont des noms adjectifs, parce qu'on peut dire : *chose belle*, res pulchra; *chose blanche*, res alba; mais *enfant*, *femme*, *étude*, ne sont pas des noms adjectifs, parce qu'on ne peut pas dire : *chose enfant*, res puer; *chose femme*, res mulier; *chose étude*, res studium : ce sont des noms substantifs, c'est à-dire des noms qui subsistent d'eux-mêmes dans le discours.

Il y a une autre espèce d'adjectif qu'on appelle *article* ; quoiqu'il n'y en ait point en latin, j'ai jugé à propos d'en parler ici. L'article, dérivé du mot latin *articulatio* qui signifie *articulation ,* c'est-à-dire *expression distincte ,* est une espèce d'adjectif qui précède ordinairement les noms communs, je veux dire les noms qui conviennent à plusieurs personnes ou à plusieurs choses. Le français a un article ; le latin n'en a point. Ainsi *populus* signifie également *peuple , le peuple ,* ou *un peuple.*

Il faut considérer dans les noms latins le genre, le nombre , le cas et la déclinaison : d'abord le genre ; mais, avant de donner la définition du genre, il est bon d'avertir ici l'étudiant que je me servirai du pronom *hic , hæc , hoc ,* pour désigner les genres : par conséquent , *hic* marquera le masculin ; *hæc ,* le féminin , et *hoc ,* le neutre.

DU GENRE.

Le genre, ainsi appelé du mot latin *genus* qui signifie *espèce , sorte ,* est ce qui fait connaître si l'objet dont on parle est 1° du masculin , c'est-à-dire, convenant à l'homme ou au mâle , comme *hic pater ,* le père ; *hic lupus ,* le loup ; 2° du féminin , c'est-à-dire , convenant à la femme ou à la femelle , comme *hæc mater ,* la mère ; *hæc lupa ,* la louve ; 3° du neutre , mot qui tire son origine de l'adjectif latin *neutrum ,* qui veut dire *ni l'un ni l'autre ,* parce qu'il renferme les noms qui ne sont ni masculins , ni féminins , comme *hoc templum ,* le temple ; *hoc brachium ,* le bras ; 4° du commun, c'est-à-dire, convenant aux deux sexes , renfermant le masculin et le féminin , comme *hic* et *hæc parens* , le père *ou* la mère ; *hic* et *hæc conjux* , l'époux *ou* l'épouse ; *hic* et *hæc adolescens* , le jeune homme *ou* la jeune fille ; 5° enfin du douteux , c'est-à-dire , étant employé tantôt en un genre , tantôt en l'autre , à la volonté du latiniste , parce que , parmi les Romains , les uns donnaient un genre à certains noms , et les autres un autre. Par exemple, Cicéron disait *hic finis* , la fin , au masculin , et César *hæc finis* , au féminin ; Tibère mettait dans ses Mémoires *hoc vulgus* , la populace, au neutre , et Vitellius *hic vulgus* , au masculin ; Auguste disait *hæc Præneste* , Préneste , nom de ville , au féminin , et Suétone *hoc Præneste* , au neutre ; Marius , dans le rapport de sa victoire contre les Teutons et les Cimbres , a dit : *Nobis fuit hoc penus* (au neutre) , les provisions ne nous ont point manqué ; Plaute disait *hic penus* , au masculin , et Lucilius *hæc penus* , au féminin. Enfin Appion, dans son récit du lion et d'Androcle , a dit *hoc specus* , la caverne, au neutre ; Pline-le-Jeune mettait *hæc specus* , au féminin , et Horace *hic specus* , au masculin. D'où il suit qu'ayant mis un de ces noms en un genre , au commencement d'un discours , d'une thèse ou d'une conversation latine , on peut le mettre en l'autre dans la suite , mais cela n'est pas à imiter , le même genre est toujours préférable.

Par conséquent , les noms qui conviennent à l'homme seul sont du genre masculin , quelque terminaison qu'ils aient, soit les noms propres, comme *Antonius*, Antoine; *Ludovicus*, Louis; *Alexander*, Alexandre, etc.; soit les noms appellatifs, je veux dire ceux qui conviennent à plusieurs personnes, comme *civis*, le citoyen; *princeps*, le prince; *miles*, le soldat, etc. Il en est de même des noms des Anges et Archanges, comme *Gabriel*, *Michael*, *Raphael*; des noms des démons, comme *Beelzebuth*, *Lucifer*, *Satan*, *Moloch*, *Berith*, *Asteroth*; et de ceux des faux Dieux, comme *Saturnus*, Saturne; *Mercurius*, Mercure; *Apollo*, Apollon, etc.: ces noms sont du genre masculin, parce qu'on se les représente toujours sous la figure de l'homme.

De même, les noms qui conviennent à la femme seule sont du genre féminin, quelque terminaison qu'ils aient, soit les noms propres, comme *Virginia*, Virginie; *Ludovica*, Louise; soit les noms appellatifs, comme *magistra*, la maîtresse; *soror*, la sœur; *mater*, la mère, etc. Sont encore du genre féminin, non seulement les noms des Déesses et des Muses, mais encore ceux des Grâces, des Nymphes et des Furies, comme *Proserpina*, Proserpine; *Juno*, Junon; *Terpsichora*, Terpsichore; *Egeria*, Égérie; *Megæra*, Mégère, etc. Ces noms sont du genre féminin, parce qu'on se les représente toujours sous la figure de la femme.

Les noms des bêtes et des animaux suivent la même distinction de masculin et de féminin que ceux des hommes et des femmes , lorsqu'ils conviennent précisément au mâle ou à la femelle , comme *hic taurus* , le taureau ; *hæc vacca* , la vache ; *hic aries* , le bélier ; *hæc ovis* , la brebis. Et de même , lorsqu'il y a deux noms distincts dérivés d'une même racine , comme *hic lupus* , le loup ; *hæc lupa* , la louve ; *hic equus* , le cheval ; *hæc equa* , la jument ; *hic leo* , le lion , *hæc leæna* , la lionne , etc. ; mais s'il n'y a qu'un nom pour les deux espèces , alors , ou il est du genre commun , comme *hic* et *hæc canis* , le chien *ou* la chienne ; ou bien , sous un tel genre , qui est ordinairement celui de la terminaison , il comprend deux espèces , comme *hæc vulpes* , le renard ; *hæc aquila* , l'aigle , soit qu'on parle du mâle ou de la femelle , sans les déterminer.

Quant aux noms inanimés , je veux dire sans vie , auxquels on a donné des genres , mais par imitation , les uns , en latin , sont du genre masculin , comme *hic labor* , le travail ; *hic fructus* , le fruit , etc. ; les autres sont du féminin , comme *hæc porta* , la porte ; *hæc gloria* , la gloire ; ceux-ci sont du neutre , comme *hoc fœdus* , l'alliance ; *hoc templum* , le temple , etc. ; ceux-là sont du genre douteux , tels que *hic* ou *hæc finis* , la fin ; *hic* , *hæc* ou *hoc specus* , la caverne. Enfin quelques-uns sont du genre commun , comme *hic* ou *hæc dies* , le jour , renfermant le masculin et le féminin au singulier , mais toujours masculin au pluriel.

13

Afin de rendre ma Méthode tout-à-fait facile, je préviens ici l'étudiant, pour l'accord de l'adjectif avec le substantif dont je parlerai bientôt, que la lettre *m* mise après un nom inanimé signifiera que ce nom est du genre masculin ; la lettre *f*, du genre féminin ; la lettre *n*, du genre neutre ; la lettre *d*, du genre douteux, et la lettre *c*, du genre commun : noms, qui se trouveront en grande quantité et par ordre alphabétique, au recueil, ci-après inséré dans ma Méthode par chapitres convenablement disposés, des substantifs tant animés qu'inanimés, tels que noms d'homme et de femme les plus usités, noms de ville et de pays les plus fréquentés, noms enfin de toutes déclinaisons, les plus familiers, les plus utiles et les plus nécessaires pour la conversation, le commerce et les besoins de la vie, de sorte que chaque possesseur de ce *Vademecum*, l'ayant avec lui en campagne, en promenade, en voyage sur terre ou sur mer, en temps de guerre, principalement en captivité dans les pays étrangers, même les plus éloignés, pourra dire alors, non pas comme Bias : *Omnia mecum porto*, je porte tout avec moi ; car il n'est pas donné à chaque particulier de tout porter, je veux dire, d'avoir la science et la vertu ; mais il pourra tenir le même langage que tenait un de mes frères à ses compagnons d'infortune, lorsque, de la Bérézina, il était envoyé dans le fond de la Sibérie avec une foule d'autres Français : « *Sodales*, leur disait-il, *nihil timentes simus, nobis sunt multa*, c'est-à-dire : Camarades, ne craignons rien, nous avons beaucoup avec nous. »

Or , ce *beaucoup* n'était autre chose que le talent heureux de savoir parler assez bien le latin , une des plus riches et des plus belles langues que les hommes aient jamais parlées , et que l'Université de France ainsi que toutes les Académies du monde savant , regardent avec raison comme un des objets les plus importants de l'enseignement ; le latin , connu depuis Calcutta et Batavia , jusqu'à St-Pétersbourg , Casan , Tobolsk , et même Pékin ; et c'est en parlant latin à des seigneurs ou à des curés russes , que mon frère obtint pour lui et ses camarades toutes les choses nécessaires à la vie : aussi , en récompense , reçut-il de nos braves le beau surnom d'*Aristippe français.*

DU NOMBRE.

Le nombre , en latin *numerus* diminutif de *numeratio* qui veut dire *manière de compter* , est ce qui fait connaître si l'objet dont on parle est du singulier ou du pluriel. Il y a donc en latin , comme en français , deux nombres : 1° le singulier , quand on parle d'une seule personne ou d'une seule chose , comme *puer* , l'enfant ; *mensa* , la table : ce que prouve l'adjectif latin *singularis* dont il tire son étymologie , et qui signifie en français *un en particulier ;* 2° le pluriel , quand on parle de plusieurs personnes ou de plusieurs choses , comme *pueri* , les enfants ; *mensæ* , les tables : ce que prouve encore l'adjectif *plures* dont il est formé , et qui veut dire en notre langue *plusieurs.*

DU CAS.

Le cas , ainsi appelé du mot latin *casus* qui veut dire *chûte*, parce qu'il fait éprouver aux terminaisons des noms une espèce de chûte , un changement réel ; le cas , dis-je , est un terme grammatical qui signifie les différentes inflexions ou désinences des noms , mais seulement dans les mères-langues , je veux dire celles qui ont donné naissance à tous les idiomes , et qui sont au nombre de quatre , savoir : l'hébraïque , la syriaque, la grèque et la latine. Il y a six cas en latin : 1º le nominatif, ainsi appelé de *nominatum* supin du verbe *nominare* qui veut dire *nommer ;* lequel cas , marquant le principe de l'action exprimée par le verbe, devient nécessairement l'objet auquel tout se rapporte , dans quelqu'endroit qu'il soit , exprimé ou sous-entendu; 2º le génitif, qui est formé de *genitum* supin de *gignere* qui signifie *produire ;* ce cas marque une sorte d'autorité , et suppose toujours avoir un nom qui le précède : ce qui le rend possesseur d'un objet ; 3º le datif, dont l'étymologie vient de *datum* supin de *dare* qui veut dire *donner :* lequel cas , étant indépendant et du nom et du verbe , marque seulement ou un profit , ou une attribution , ou une similitude , ou une dernière fin; 4º l'accusatif, dérivé d'*accusatum* supin d'*accusare* qui signifie *accuser ;* ce cas, en stricte latinité , est le régime du verbe actif; et , d'après ma Méthode , il le sera aussi , mais seulement du participe présent du même verbe qu'on sait que je décompose : ce que je ferai comprendre bientôt par une règle tout-à-fait facile ; 5° le vocatif, qui tire son origine de *vocatum* supin de *vocare* qui veut dire *appeler* : lequel cas est celui du nom de la personne ou de l'objet à qui l'on adresse la parole ; 6° enfin l'ablatif, formé d'*ablatum* supin d'*auferre*, composé des deux mots *ferre* et *ab* qui signifient *tirer de* : ce cas est toujours le régime d'une préposition exprimée ou sous-entendue.

DE LA DÉCLINAISON.

La déclinaison est la récitation successive des différents cas d'un nom. Ce mot, en latin *declinatio* qui veut dire *pente*, tire son étymologie du verbe grec κλινειν qui signifie aussi *pencher* : étymologie tout-à-fait juste et légitime, parce qu'en déclinant un nom, on penche vers la fin de ce nom.

Il y a, en latin, cinq déclinaisons que l'on distingue par le génitif singulier et le génitif pluriel. C'est pourquoi on connaîtra 1° qu'un nom est de la première déclinaison, quand il aura le génitif singulier terminé en *æ*, et le génitif pluriel en *arum*, tel que *mensa* placé pour modèle, et désigné par le n° 1 dans le tableau synoptique des déclinaisons, page 18. 2° On connaîtra qu'un nom est de la seconde déclinaison, quand il aura le génitif singulier terminé en *i*, et le génitif pluriel en *orum*, comme *hortus* noté par le n° 2 dans le même tableau. 3° On connaîtra qu'un nom est de la troisième déclinaison, quand il aura le génitif singulier terminé en *is*, et le génitif pluriel en *um* ou *ium*, tel que *pater* désigné par le n° 3 dans ledit tableau général. 4° On connaîtra qu'un nom est de la quatrième déclinaison, quand il aura le génitif singulier terminé en *ûs* avec un accent circonflexe sur l'*û*, et le génitif pluriel en *uum*, comme *fructus* désigné par le n° 4. Enfin on connaîtra qu'un nom est de la cinquième déclinaison, quand il aura le génitif singulier terminé en *ei*, et le génitif pluriel en *erum*, comme *dies* noté par le n° 5.

Remarque.

Le but de mon faible travail ne tendant qu'à l'utilité et à la facilité, j'ai trouvé bon de reléguer du tableau synoptique ci-après, pour modèle de la troisième déclinaison, un nom terminé en *or*, tel que *soror*; ce nom, par rapport au génitif pluriel *sororum*, est si insidieux pour les commençants, qu'il leur fait faire barbarismes sur barbarismes. En effet, les *matrorum*, des mères; les *hominorum*, des hommes; les *militorum*, des soldats; les *lapidorum*, des pierres, et tant d'autres qu'il serait trop long de nommer, ne sont-ils pas fréquents dans les devoirs des écoliers? Sur 60 huitièmes, 59 font ces barbarismes, et je suis fort étonné que la plupart des professeurs de classes élémentaires n'expliquent point cette difficulté à leurs élèves; hélas! peut-être l'ignorent-ils eux-mêmes.

TABLEAU SYNOPTIQUE

DES CINQ DÉCLINAISONS.

SINGULIER.

1	2	3	4	5
N. Mensâ, *la table.*	Hortus, *le jardin.*	Pater, *le père.*	Fructus, *le fruit.*	Dies, *le jour,*
G. Mensæ, *de la table.*	Horti, *du jardin.*	Patris, *du père.*	Fructûs, *du fruit.*	Diei, *du jour.*
D. Mensæ, *à la table.*	Horto, *au jardin.*	Patri, *au père.*	Fructui, *au fruit.*	Diei, *au jour.*
Ac. Mensam, *la table,*	Hortum, *le jardin.*	Patrem, *le père.*	Fructum, *le fruit.*	Diem, *le jour.*
V. ô Mensa, *ô table,*	ô Horte, *ô jardin.*	ô Pater, *ô père.*	ô Fructus, *ô fruit.*	ô Dies, *ô jour.*
Ab. Mensâ, *de la table.*	Horto, *du jardin.*	Patre, *du père.*	Fructu, *du fruit.*	Die, *du jour.*

PLURIEL.

1	2	3	4	5
N. Mensæ, *les tables.*	Horti, *les jardins.*	Patres, *les pères.*	Fructus, *les fruits.*	Dies, *les jours.*
G. Mensarum, *des tables.*	Hortorum, *des jardins.*	Patrum, *des pères.*	Fructuum, *des fruits.*	Dierum, *des jours.*
D. Mensis, *aux tables.*	Hortis, *aux jardins.*	Patribus, *aux pères.*	Fructibus, *aux fruits.*	Diebus, *aux jours.*
Ac. Mensas, *les tables.*	Hortos, *les jardins.*	Patres, *les pères.*	Fructus, *les fruits.*	Dies, *les jours.*
V. ô Mensæ, *ô tables,*	ô Horti, *ô jardins.*	ô Patres, *ô pères,*	ô Fructus, *ô fruits*	ô Dies, *ô jours.*
Ab. Mensis, *des tables.*	Hortis, *des jardins.*	Patribus, *des pères.*	Fructibus, *des fruits.*	Diebus, *des jours.*

DES NOMS NEUTRES ET HÉTÉROCLITES.

Le nom neutre, ainsi appelé de l'adjectif latin *neutrum* qui signifie *ni l'un ni l'autre*, c'est-à-dire n'étant ni masculin, ni féminin, est celui qui a trois cas semblables, savoir : le nominatif, l'accusatif et le vocatif, et lesquels trois cas sont toujours terminés en *a* au pluriel. La seconde, troisième et quatrième déclinaisons renferment seules des noms neutres ; la première et la cinquième n'en ont point, à l'exception de certains noms bizarres dont je parlerai bientôt. Les noms neutres de la seconde déclinaison ont leurs trois cas semblables terminés en *um* au singulier, et en *a* au pluriel, comme *templum*, le temple ; *templa*, les temples, etc. Ceux de la troisième déclinaison ont leurs trois cas semblables terminés, au singulier, la plupart en *us*, et quelques-uns en *en* et en *ut*, mais toujours en *a* au pluriel, comme *olus*, le légume ; *olera*, les légumes ; *lumen*, la lumière ; *lumina*, les lumières ; *caput*, la tête, *capita*, les têtes, etc. Enfin les noms neutres de la quatrième déclinaison sont indéclinables au singulier, c'est-à-dire qu'ils ont dans les six cas de ce nombre la même terminaison qui est en *u*, mais toujours en *a* au pluriel, comme *tonitru*, le tonnerre ; *tonitrua*, les tonnerres, etc. Quant aux autres cas des noms neutres, savoir : le génitif, le datif et l'ablatif, ils se déclinent comme ceux de la déclinaison à laquelle ils sont sujets.

Remarque.

Parmi les noms neutres de la quatrième déclinaison, indéclinables au singulier, je classe, quoiqu'ils n'aient pas la terminaison en *u*, les mots suivants, indéclinables aussi, et que des professeurs ont grandement tort de regarder comme des adverbes : *cras*, demain, pour *crastinus dies* ; *heri*, hier, pour *hesternus dies* ; *mane*, le matin, pour *matutinum tempus* ; *semper*, toujours, pour *sempiternum tempus* ; enfin *hodie*, aujourd'hui ; *pridie*, la veille ; *postridie*, le lendemain ; *perendie*, après-demain ; et *quotidie*, tous les jours : diminutifs 1° *hodie*, de *hoc die* ; 2° *pridie*, de *priori die* ; 3° *postridie*, de *posteriori die* ; 4° *perendie*, de *perendino die* ; et *quotidie*, de *quotidiano die*, ablatifs absolus, le participe *facto* étant sous-entendu. Ces mots, selon moi, ne sont pas des adverbes : prenant donc leur défense, je les regarde dans ma Méthode comme de vrais noms, mais indéclinables et sans pluriel ; et je crois avoir raison : en effet, aussi bien que les singuliers *tonitru*, le tonnerre ; *veru*, la broche ; *testu*, la cloche, etc., ne rendent-ils pas des idées d'êtres existants en eux-mêmes ?

Le nom hétéroclite, ainsi appelé des deux mots grecs ετερος κλινειν qui signifient décliner autrement, est celui qui ne se décline pas selon les règles ordinaires ; c'est pourquoi on l'appelle aussi *irrégulier*. La première et quatrième déclinaisons renferment seules des noms hétéroclites. Ceux de la première sont : *anima*, l'âme ; *domina*, la maîtresse ; *filia* ou *nata*, la fille ; *famula*, la servante ; *dea*, la déesse ; *magistra*, l'institutrice ; *socia*, la compagne ; *liberta*, l'affranchie ; *serva*, l'esclave ; *equa*, la jument ; *mula*, la mule ; *asina*, l'ânesse ; *lupa*, la louve ; *capra*, la chèvre, et ceux qui ont la même racine que leurs masculins. Le datif et l'ablatif pluriels de ces noms féminins ne sont pas en *is* comme ceux de *mensa*, mais en *abus*, tels que *famulabus*, aux servantes ; *filiabus*, aux filles, etc., afin qu'ils soient distingués des datif et ablatif pluriels masculins qui sont en *is*, et qu'on ne prenne pas les uns pour les autres : ce qui arriverait, s'ils avaient, tant masculins que féminins, la même terminaison. Les noms hété-roclites de la quatrième déclinaison, au lieu d'avoir le datif et l'ablatif pluriels en *ibus*, comme ceux de *fructus*, les ont en *ubus* ; or, ces noms sont : *lacus*, un lac, *lacubus*, aux lacs ; *arcus*, un arc, *arcubus*, aux arcs ; *specus*, une caverne, *specubus*, aux cavernes ; *artus*, les membres du corps, *ar-tubus*, aux membres du corps ; *tribus*, une tribu, *tribubus*, aux tribus ; *portus*, un port, *portubus*, aux ports ; *partus*, l'enfantement, *partubus*, aux enfantements ; enfin *veru*, une broche, *verubus*, aux broches. Ce n'est pas tout, et ce que je vais avancer doit être gravé dans la mémoire en ca-ractères ineffaçables, si l'on veut, d'un côté, parler purement la langue de Cicéron, et de l'autre (ici je m'adresse aux écoliers), obtenir des succès dans les thêmes classiques ; lisez, étu-diez et réfléchissez :

Il y a , en latin , des noms qui font faire aux inattentifs , non seulement de fréquents solécismes , mais encore de nombreux barbarismes : or ces noms sont ceux dont le genre et quelquefois la déclinaison, victimes du caprice des grammairiens de l'ancienne Rome , changent du singulier au pluriel; ainsi : *avernus*, masculin au singulier, est neutre au pluriel , *averna*, les enfers. *Carbasus*, masculin ou féminin au singulier , est neutre au pluriel , *carbasa* , les voiles. *Cœlum* , neutre au singulier , est masculin au pluriel , *cœli* , les cieux. *Delicium*, neutre au singulier, est féminin au pluriel, *deliciæ*, les délices. *Elysium*, neutre au singulier , est masculin au pluriel , *Elysii* , les Champs-Élysées. *Epulum*, neutre au singulier , est féminin au pluriel , *epulæ*, festin ou banquet. *Jocus*, masculin au singulier , est masculin ou neutre au pluriel, *joci* ou *joca*, les jeux. *Sibilus*, masculin au singulier, est neutre au pluriel , *sibila*, les sifflements. *Suppellex*, féminin au singulier , est neutre au pluriel, *suppellectilia*, meubles. *Locus* , masculin au singulier , est masculin ou neutre au pluriel , *loci* ou *loca* , les lieux. Enfin *dies* , féminin et masculin au singulier , est toujours masculin au pluriel , *dies* , les jours : chose bizarre, à la vérité , mais qu'il ne faut pas perdre de vue pour l'accord de l'adjectif avec le substantif, et les écoliers éviteraient souvent bien des fautes dans leurs devoirs , s'ils y portaient la moindre attention.

RÈGLE III.

VÉRITABLE PRONONCIATION LATINE.

A l'exception des Français (et cela ne nous fait point honneur), toutes les nations du monde connu, principalement celles de l'Europe et de l'Asie, prononcent le latin d'une manière digne des plus grands éloges. C'est pourquoi, ayant étudié cette belle prononciation sous les leçons de mon frère, qui, dans ses campagnes de Pologne, de Prusse et de Russie, a eu assez le temps de l'apprendre en qualité d'interprète latiniste, j'ai jugé à propos d'avertir ici les étudiants de mon *Vademecum* que, s'ils venaient à se trouver un jour chez l'étranger, soit comme voyageurs, soit comme prisonniers de guerre, et qu'ils voulussent demander à un curé, à un professeur, à un noble citadin, ou à un seigneur du pays, quelque chose dont ils auraient besoin, ils se gardassent alors de prononcer le latin, comme nous le prononçons en France : car ils courraient risque de n'être compris nulle part.

Je suppose, par exemple, qu'en temps de guerre avec les Russes, un possesseur de ma Méthode soit fait prisonnier et envoyé dans le fond de la Sibérie ; qu'arrivé avec ses compagnons d'infortune au lieu de son exil, il ait besoin d'un boulanger, d'un boucher ou d'un pâtissier, pour avoir de la nourriture ; d'un médecin ou d'un chirurgien, pour se faire panser quelque plaie ; d'un avocat, d'un notaire ou d'un banquier, pour affaire d'argent, et qu'ignorant l'idiome du pays il s'adresse en latin à un savant de l'endroit, il ne devrait pas alors franciser la langue de Cicéron, en prononçant ainsi : *lanius*, *panificus*, *chirurgus*, *crustularius*, etc. ; mais il devrait prononcer de la manière qui suit : *panificous*, un boulanger ; *lanious*, un boucher ; *croustoularious*, un pâtissier ; *kirourgous*, un chirurgien ; *caoussidicous*, un avocat, et non *causidicus*, comme nous disons. Il en est de même de toutes les syllabes des mots latins, tant initiales et antépénultièmes, que pénultièmes et finales, dont la désinence est en *us* ou en *um*, que l'on doit prononcer *ous*, *oum*, chez l'étranger, si on veut se faire comprendre. Par exemple, ce mot *futurus* doit être prononcé *foutourous*.

Il est bon encore d'apprendre ici que les étrangers, à l'exemple des anciens Romains, n'admettent dans la langue latine ni *t*, ni *s*, ni *c* doux et mouillés, même dans un seul mot et entre deux voyelles ; ainsi cette phrase qu'ils ont en vénération : « *Jesus cujus regni haud erit finis laudetur in Cœlo*, Que Jésus dont le règne n'aura point de fin soit loué dans le Ciel ; » cette phrase, dis-je, est prononcée par eux de la sorte : *Iessous couious re-gni haoud erit finis laoudetour in Kœlo.*

On voit donc, d'après cette orthographe simulée, que les étrangers prononcent 1° le grand *j* comme le petit *i* chez nous ; 2° le *s* simple comme le *s* double ; 3° l'*u* comme *ou* ; 4° le *gni* comme celui du mot français *régnicole*, et par conséquent aussi le *gna* se prononcera comme celui de notre parfait défini, il *régna* ; 5° le *cæ* comme le *kæ* de *Kæbecum* ; il en est de même des *ci*, des *ce* et des *chi* que l'on prononce *ki*, *ke*, *ki* : ainsi *Cicero*, Cicéron ; *Chiliarchus*, colonel, se prononceront comme s'il y avait *Kikero*, *Kiliarkous* ; enfin le *ti*, suivi même d'une voyelle, doit se prononcer chez les étrangers comme en français le *ti* suivi d'une consonne, c'est-à-dire durement, tel que celui de notre mot *activité*. Avec une semblable prononciation, vous vous ferez comprendre facilement, même dans le Tangut et le Thibet, tandisqu'en francisant le latin selon notre coutume digne de blâme, vous ne serez bien compris nulle part, vous serez forcé de vous exprimer graphiquement, comme faisaient certains latinistes français, prisonniers en Sibérie, et ignorant la prononciation que j'enseigne ici.

Il faut bien se garder encore, chez les étrangers, si on veut se faire comprendre correctement en latin, de prononcer les mots suivants : *fuerint*, *sint*, etc., comme on les prononce ordinairement chez nous : *fuerainte*, *sainte*, etc. ; honte aux professeurs qui tolèrent en classe une pareille prononciation ! on doit, au contraire, faire sentir l'*i* fortement.

2

RÈGLE IV.

DU NOM ADJECTIF.

L'étudiant doit se rappeler ici que j'ai distingué dans la seconde règle deux sortes de noms, savoir : le nom *substantif* dont j'ai déjà développé les principes, et le nom *adjectif* que je vais expliquer maintenant.

Le nom *adjectif* est, comme j'ai dit, un mot qui marque de quelle façon est la chose, et qui sert à la qualifier ; c'est pourquoi il suppose toujours un substantif auquel il se rapporte, comme quand on dit : *bon père*, bonus pater ; *belle maison*, pulchra domus, etc.

Parmi les adjectifs latins, la plupart ont trois terminaisons, ceux-ci en ont deux, et ceux-là n'en ont qu'une, comme on verra par les modèles ci-après exposés. Les adjectifs, qui ont trois désinences, sont de la première déclinaison pour le féminin, de la seconde pour le masculin et le neutre ; et ceux qui n'ont qu'une ou deux inflexions sont de la troisième déclinaison pour tous les genres. C'est pourquoi, afin que la règle dont je fais l'explication soit facile et progressive, on aura soin, lorsqu'on étudiera un adjectif, de ne pas le décliner ensemble par les trois genres, comme on fait dans les classes, mais séparément, je veux dire colonne par colonne.

ADJECTIFS DE TROIS TERMINAISONS.

SINGULIER.

N.	Bonus, *m.*	bona, *f.*	bonum, *n.*
	bon,	*bonne,*	*bon.*
G.	Boni,	bonæ,	boni.
D.	Bono,	bonæ,	bono.
Ac.	Bonum,	bonam,	bonum.
V. ô Bone,		bona,	bonum.
Ab.	Bono,	bonâ,	bono.

PLURIEL.

N.	Boni, *m.*	bonæ, *f.*	bona, *n.*
	bons,	*bonnes,*	*bons.*
G.	Bonorum,	bonarum,	bonorum.
D.	Bonis,	bonis,	bonis.
Ac.	Bonos,	bonas,	bona.
V. ô Boni,		bonæ,	bona.
Ab.	Bonis,	bonis,	bonis.

Ainsi se déclineront sur *bonus*, *bona*, *bonum*, tous les adjectifs et participes qui ont trois terminaisons. On trouvera les plus utiles et les plus nécessaires, placés alphabétiquement, dans un chapitre du recueil ci-après des mots les plus familiers et les plus usuels. On ne saurait jamais s'imaginer les peines que m'ont coûtées la recherche, le choix et la collection de tous ces mots.

ADJECTIFS D'UNE ET DE DEUX TERMINAISONS.

SINGULIER.   SINGULIER.

N. Prudens , *pour les 3 genres.* Levis, *m. f.* leve, *n.*
    Prudent , prudente , prudent. *Léger, légère, léger.*
G. Prudentis ,   Levis ,
D. Prudenti ,   Levi ,
Ac. Prudentem, *m. f.* prudens, *n.* Levem, *m. f.* leve, *n.*
V. ô prudens ,   ô levis, *m. f.* leve, *n.*
Ab. Prudente *ou* prudenti.   Levi.

PLURIEL.   PLURIEL.

N. Prudentes, *m. f.* prudentia, *n.* Leves, *m. f.* levia, *n.*
G. Prudentium ,   Levium ,
D. Prudentibus ,   Levibus ,
Ac. Prudentes, *m. f.* prudentia, *n.* Leves, *m. f.* levia, *n.*
V. ô prudentes, *m. f.* prudentia, *n.* ô leves, *m. f.* levia, *n.*
Ab. Prudentibus.   Levibus.

Ainsi se déclineront 1° sur *prudens* tous les adjectifs et participes présents qui n'ont qu'une terminaison, laquelle est en *ans* ou en *ens*; 2° sur *levis* tous les adjectifs qui ont deux terminaisons, la première en *is* pour le masculin et le féminin comme *levis*, et la seconde en *e* pour le neutre comme *leve*. Plusieurs colonnes, dans le recueil ci-après des mots familiers , sont réservées aux adjectifs et participes de cette espèce les plus utiles et les plus nécessaires pour la conversation.

~~~~~~~~~~~~~~~~

RÈGLE V.

COMPARAISON DES ADJECTIFS.

Les adjectifs ont trois degrés de signification , savoir : le *positif*, le *comparatif* et le *superlatif*.

Le positif n'est autre chose que l'adjectif même, comme savant , *doctus ;* sage , *sapiens.* Ce mot tire son origine de *positum* supin , en rigoureuse latinité , du verbe *ponere* qui veut dire *poser* , *placer simplement :* étymologie tout-à-fait naturelle; car le positif est , comme l'adjectif, simple et sans accessoire , c'est-à-dire qu'il n'est point composé.

Le comparatif est ce degré de signification , qui fait toujours comparaison entre les choses; on le connaît , quand il y a *plus* devant l'adjectif , comme plus savant, *doctior ;* plus sage, *sapientior.* Ce mot dérive de *comparatum* , supin du verbe *comparare* qui veut dire *comparer.*

Enfin le superlatif signifie la manière de la chose en un degré suprême et avec excès; on le connaît, lorsqu'il y a *très* ou *le plus* devant l'adjectif , comme très savant *ou* le plus savant , *doctissimus ;* très sage *ou* le plus sage , *sapiéntissimus.* L'étymologie de ce mot vient de *superlatum* , supin de *superferre* composé de *ferre* et *super* qui veulent dire *porter au-dessus.*
~~~~~~~~~~~~~~~~

Remarque.

Sans vouloir déroger à la bonne latinité , mais seulement afin de rendre mon ouvrage facile pour l'étudiant , je lui conseille , à l'égard de cette règle si épineuse , les comparatifs et superlatifs latins étant de plusieurs sortes , les uns réguliers , les autres ir-réguliers , et exposant les élèves , surtout ceux des classes élémentaires , à l'emploi de mots barbares; je lui conseille , dis-je , afin d'enlever tout obstacle , lorsqu'il parlera latin chez les étrangers , d'exprimer toujours *plus* par *magis* devant un adjectif ou un adverbe , et *très* ou *le plus* par *valdè* , quand même l'adjectif et l'adverbe aient un comparatif et un su-perlatif , comme plus savant , *magis doctus ;* plus nécessaire . *magis necessarius ;* très vaillamment *ou* le plus vaillamment , *valdè fortiter.* Par ce moyen , l'étudiant de ma Méthode comprendra et traduira fa-cilement , en un instant , ce que les jeunes écoliers ne peuvent souvent bien comprendre de plusieurs années , ni traduire selon les règles strictes qu'on leur enseigne, sans faire des barbarismes ; car, selon moi , il n'existe pas en latin de règle plus insidieuse pour les élèves que celle des comparatifs et superlatifs irréguliers : sans cesse elle leur tend des piéges; sans cesse elle les expose à des emplois de mots tout-à-fait contraires à la langue de Cicéron ; sans cesse elle leur fait infliger des punitions classiques.

RÈGLE VI.

DU PRONOM.

Le *pronom* , que renferment les noms substantifs et adjectifs, est un mot qui tient la place du nom, comme au lieu de dire : *Antonius fuit* , Antoine a été , on met un pronom , et on dit : *ille fuit* , il a été , savoir : Antoine. Ce mot dérive de la préposition latine *pro* , qui veut dire *pour* , et de l'ablatif *nomine* , gouverné par la préposition , qui signifie en français *le nom*.

Il y a , en latin, six sortes de pronoms qui sont : les pronoms personnels, les pronoms démonstratifs , les pronoms possessifs , les pronoms relatifs, les pronoms interrogatifs , et les pronoms indéfinis.

Les pronoms personnels, ainsi appelés du latin *persona* qui veut dire *personne* , sont ceux , en effet , qui désignent les personnes. Il y a trois personnes : la première est celle qui parle , comme *ego* , je *ou* moi au singulier, *nos* , nous au pluriel ; la seconde est celle à qui l'on parle , comme *tu* , tu *ou* toi , *vos* , vous ; la troisième est celle de qui l'on parle, comme *ille* , il , *illa* , elle , *illi* , eux , *illæ* , elles.

La première personne , en latin , est plus noble que la seconde , et la seconde est plus noble que

la troisième; c'est tout le contraire, en français,
par politesse. Par exemple, si on avait à traduire
ces mots : Paul, vous et moi, il ne faudrait pas
traduire ainsi : *Paulus, tu et ego*, mais bien *ego,
tu et Paulus*, c'est-à-dire, commencer par la première personne, puis par la seconde, et ensuite
finir par la troisième : règle stricte, quoique
tout-à-fait opposée à la délicatesse de notre langue.

Remarque.

La civilité est si naturelle à notre langue ; les
Français, en même temps, sont si affables, si honnêtes et si polis, que tous ces rares attributs qu'on
ne trouve point chez les autres peuples ne nous permettent jamais, quoique nous soyons élevés dans les
plus hautes dignités, de nous nommer les premiers,
lorsque nous parlons ou que nous écrivons à qui que
ce soit, sous peine de commettre la plus grande des
impolitesses. Ce qui fait qu'en philosophie et en théo-
logie, il arrive quelquefois à des écoliers, lorsqu'ils
parlent latin avec leurs professeurs, de dire comme
en notre langue : *Tu et ego*, non pas par ignorance,
mais afin de gagner les bonnes grâces de leurs chefs,
et de ne pas paraître incivils à leur égard (ce que
j'ai souvent entendu dans plusieurs séminaires). Ils
ont grandement tort ces écoliers qui agissent de la
sorte, et je ne crains pas de faire ici le plus grief
reproche à ces rampants adulateurs : car, quand
même la conversation aurait lieu en latin avec un
roi, avec un empereur, on doit leur dire aussi bien

qu'au dernier des ilotes : *Ego et tu* , et non *tu et ego ;* et ces personnes de respect et de haut rang ne doivent jamais en être choquées, parce qu'il n'y a là-dessus aucun motif d'offense. La règle latine , à ce sujet, est si sévère , qu'elle s'étend jusqu'aux titres et inscriptions de lettres, où la personne qui écrit doit toujours se nommer la première , quoiqu'elle soit inférieure en condition : voilà ce qu'ont enseigné et rigoureusement observé, même lorsqu'ils s'adressaient à des princes, non seulement tous les orateurs latins , mais encore les grammairiens célèbres de l'ancienne Académie de Rome.

Les pronoms démonstratifs, dont l'étymologie vient de *demonstratum* supin du verbe *demonstrare* qui veut dire *démontrer* , sont ceux qui servent à montrer les objets; ces pronoms sont : *hic , hæc, hoc ,* ce , cette , ce , *ou* celui-ci , celle-ci , cela ; *ille , illa , illud ,* celui-là , celle-là , cela ; *ipse , ipsa , ipsum ,* lui-même , elle-même; *is , ea , id ,* le , la , le , et *iste , ista , istud ,* ce , cette, ce , qui s'emploie toujours par mépris et en très mauvaise part, comme : c'est un insigne voleur, *iste est insignis latro ,* et non *ille ,* ni *hic,* qu'on emploie en bonne part; c'est un autre Néron, *iste est alter Nero ;* c'est un méchant , *iste est improbus ;* ce sont des meurtriers, *isti sunt interfectores;* c'était un séditieux, un perturbateur du repos public , *iste erat seditiosus , iste perturbator quietis publicæ ;* c'est un déhonté , *iste est inhonestatus ,* etc.

Remarque.

Il faut bien se garder d'appliquer le pronom *iste* aux indigents ; la pauvreté n'est pas un vice , notre Maître l'a enseignée , il a été pauvre lui-même. Oh ! que ces latinistes ont donc grandement tort, qui s'expriment ainsi : *iste pauper*, ce pauvre ; *iste opifex* , cet ouvrier ; *iste proletarius* , ce prolétaire ; et puis *hic opulentus* , cet opulent ! qu'ils sachent que les pauvres , les ouvriers et les prolétaires sont souvent plus vertueux , plus intègres que les riches , et que , par conséquent , ils sont autant dignes qu'eux des pronoms *hic* et *ille* qui s'emploient en bonne part. Les anciens Romains étaient fort circonspects à l'égard du pronom *iste ;* ils ne l'appliquaient pas à leurs esclaves , parce qu'ils savaient que les ilotes , malgré leur malheureuse condition , pouvaient être honnêtes et l'étaient réellement. Mais ils ne craignaient pas d'en noircir les *Vitellius* , les *Néron* , les *Caligula* , et tant d'autres monstres de ce genre, parce que , parmi ces dénaturés, les uns étaient des brigands , des scélérats , les autres des abominables , et que le pronom *iste* ne convient qu'à de pareils *Nequam*.

Une autre preuve invincible que le pronom *iste* ne s'emploie toujours que par mépris et en très mauvaise part, c'est la conduite inouïe que tint Caïphe contre le divin Législateur. Non moins habile dans la langue latine que dans la grèque et l'hébraïque , ce malicieux grand-prêtre voulut, par dérision , qu'on écrivît sur la Croix sacrée du Rédempteur des hommes cette

inscription sacrilége et blasphématoire : *Iste est Ju-
dæorum rex.* Quoi ! *iste* au Réparateur du genre hu-
main ! *iste* au Roi des rois ! *iste* au Fils de Jéhovah !
pardon, Seigneur, mille fois pardon pour le juif
ingrat. Hélas! il est excusable, il ne savait ce qu'il
faisait, vous l'avez dit vous-même sur la croix :
Nesciunt quid faciunt.

SINGULIER.   SINGULIER.

N.   Hic, *m.* hæc, *f.* hoc, *n.* Ille, *m.* illa, *f.* illud, *n.*
    ce,   cette,   ce,   *celui-là, celle-là, cela.*
ou *celui-ci, celle-ci, cela.*

G.   Hujus, *pour les 3 genres.* Illius, *pour les 3 genres.*
D.   Huic,   Illi,
Ac. Hunc,   hanc,   hoc.   Illum,   illam,   illud.
     point de vocatif.   *point de vocatif.*
Ab. Hoc,   hac,   hoc.   Illo,   illâ,   illo.

PLURIEL.   PLURIEL.

N.   Hi, *m.* hæ, *f.* hæc, *n.* Illi, *m.* illæ, *f.* illa, *n.*
    ces, ou *ceux-ci, etc.*   *ceux-là, celles-là.*
G.   Horum, harum, horum. Illorum, *m. n.* illarum *f.*
D.   His, *pour les 3 genres.* Illis, *pour les 3 genres.*
Ac. Hos,   has,   hæc.   Illos,   illas,   illa.
Ab. His.   Illis.

Ainsi se déclineront sur *ille, illa, illud,* les
pronoms précités *iste, ista, istud ; is, ea, id,*
et *ipse, ipsa, ipsum* et non *ipsud* au neutre.

Les pronoms possessifs, dont l'origine vient de *possessum* supin du verbe latin *possidere* qui veut dire *posséder*, sont ceux qui marquent la possession d'une chose ; or ces pronoms sont : 1º *meus*, *mea*, *meum*, mon, ma, mon, *ou* le mien, la mienne, le mien ; 2º *tuus*, *tua*, *tuum*, ton, ta, ton, *ou* le tien, la tienne, le tien, *ou* votre ; 3º *suus*, *sua*, *suum*, son, sa, son, *ou* le sien, la sienne, le sien ; 4º *noster*, *nostra*, *nostrum*, notre, *ou* le nôtre, la nôtre, le nôtre ; 5º enfin *vester*, *vestra*, *vestrum*, votre, *ou* le vôtre, la vôtre, le vôtre : pronoms, qui sont de purs noms adjectifs, et que l'on déclinera sur *bonus*, *bona*, *bonum*, à l'exception du vocatif singulier masculin de *meus*, qui est *mi*, comme, ô mon père, *ó pater mi !* et de celui de *noster* et *vester*, qui est toujours semblable au vocatif, comme, ô notre ami, *ô amice noster ! tuus* et *suus* n'ont point de vocatif.

Remarque.

Par élégance latine, les pronoms possessifs doivent être mis après les noms ; par exemple, si on avait à traduire ces petites phrases : notre père, notre mère, votre ami, mon bras ; au lieu de dire : *noster pater*, *nostra mater*, *tuus amicus*, *meum brachium*, on doit traduire ainsi : *pater noster*, *mater nostra*, *amicus tuus*, *brachium meum*. — Notre belle France, *pulchra Francia nostra* ; nos ancêtres, *majores nostri* ; mes Dieux pénates, *Dii penates mei*, etc.

Les pronoms relatifs , dont l'étymologie vient de *relatum* supin du verbe *referre* qui veut dire *avoir rapport* , sont ceux, en effet , qui ont rapport à un nom qui est devant ; ces pronoms sont : *qui* , *quæ* , *quod* , qui , *ou* lequel , laquelle , lequel, comme : l'écolier qui est paresseux , *discipulus qui est piger ; qui* est ici le pronom relatif, parce qu'il a rapport à un nom qui est devant.

SINGULIER.	PLURIEL.
N. Qui, *m.* quæ , *f.* quod , *n.*	qui, *m.* quæ, *f.* quæ, *n.*
qui , ou *lequel, laquelle.*	qui , ou *lesquels.*
G. Cujus, *pour les 3 genres.*	quorum, *m n* quarum *f*
D. Cui.	quibus.
Ac. Quem, quam , quod.	quos , quas , quæ.
Ab. Quo , quâ , quo.	quibus.

Les pronoms interrogatifs , ainsi appelés d'*interrogatum* supin du verbe *interrogare* qui signifie *interroger* , sont ceux qui servent à questionner. Ces pronoms sont : *quis* , *quæ* , *quod* ou *quid ; quisnam, quænam, quodnam* ou *quidnam; quispiam, quæpiam, quodpiam* ou *quidpiam* , qui , qui est-ce qui , qu'est-ce ? Ils se déclinent sur *qui* , *quæ* , *quod* , exemple : Qui est là , *quis ibi est ? quis* est le pronom interrogatif, parce qu'en effet il sert à interroger.

Enfin les pronoms indéfinis , dont l'origine vient 1° de la préposition *in* qui, dans la composition de plusieurs mots, prend un sens négatif, 2° du participe *definitus* , ce qui veut dire en français *non défini*, sont ceux qui signifient d'une manière générale et indéterminée. Ces pronoms sont : *quidam*, *quædam*, *quoddam* ou *quiddam*, un certain, une certaine ; *quicunque*, *quæcunque*, *quodcunque*, quiconque ; *quisquam*, *quæquam*, *quodquam* ou *quidquam*, chacun, chacune, chacun ; *aliquis*, *aliqua*, *aliquod* ou *aliquid*, quelqu'un, quelqu'une, quelque chose. Ils se déclinent tous sur le pronom relatif *qui*, *quæ*, *quod*, exemple : il y a quelqu'un au cabinet, *est aliquis in conclavio*; *aliquis* est ici le pronom indéfini : en effet, par ce mot on dénote qu'il y a une personne au cabinet, mais on ne désigne pas quelle elle est.

~~~~~~~~~~~~~~~~~~~~~~

DERNIÈRE PARTIE DU DISCOURS.

L'UNIQUE VERBE *SUM*.

C'est une règle stricte, dans les classes, de faire apprendre rigoureusement aux élèves toutes les nombreuses sortes de verbes latins si difficiles par rapport à leurs modes et temps réguliers et irréguliers : 1º l'actif, dont l'étymologie vient d'*actum* supin d'*agere* qui veut dire *agir*, et qui signifie une action à laquelle est opposée une passion ; 2º le verbe passif, dont l'origine vient de *passum* supin de *pati* qui veut dire *souffrir*, et qui signifie une passion à laquelle est opposée une action;
~~~~~~~~~~~~~~~~~~~~~~

39

3º le verbe neutre, ainsi appelé du latin *neutrum* qui signifie *ni l'un ni l'autre*, c'est-à-dire qu'il n'est ni actif, ni passif; 4º le verbe déponent, dérivé de *deponens* participe présent de *deponere* qui signifie *déposer*, c'est-à-dire qu'il a quitté la signification passive, et n'a retenu que celle de l'actif; 5º le verbe défectueux, dont l'étymologie vient de *defectum* supin de *deficere* qui signifie *manquer*, c'est-à-dire qu'il n'a pas tous les temps; 6º le verbe irrégulier, c'est-à-dire celui qui ne se conjugue pas selon les règles ordinaires; enfin le verbe impersonnel, c'est-à-dire celui qui n'a que la troisième personne du singulier.

Pour moi, qui suis forcé de remplir strictement ma tâche, je veux dire, de donner au public un *Vademecum* propre à faire parler assez bien latin sans maître et en peu de temps, je n'admets ici pour la facilité qu'un seul verbe (1), qui est le verbe *Sum*, verbe substantif et auxiliaire : 1º substantif, c'est-à-dire qu'il marque simplement l'affirmation de l'être; 2º auxiliaire, c'est-à-dire que par son secours on pourra, d'après un seul principe, exprimer facilement tous les autres verbes possibles, en se servant, pour l'actif, le déponent, le neutre, le défectueux et l'irrégulier, du participe présent, et pour le pas-

---

(1) J'emploie cependant et j'admets en latinité cicéronique tous les autres verbes, tels qu'ils se conjuguent, mais avec décomposition volontaire que je crois et prouverai bientôt licite par le langage même des Romains.

sif, du participe passé. Puis il faudra décomposer par le verbe *être* que l'on mettra, en latin, au même temps, au même nombre et à la même personne qu'il est en français : ce que je démontrerai d'une manière claire, précise et bien facile, aussitôt après l'exposition des règles essentielles qui concernent l'accord de l'adjectif avec le substantif, et celle de l'unique verbe *Sum*.

ACCORD DE L'ADJECTIF AVEC LE SUBSTANTIF.

L'adjectif s'accorde avec son substantif en genre, en nombre et en cas :

1° En genre, c'est-à-dire que si le substantif est du masculin, l'adjectif doit être mis aussi au masculin, comme : le père bon, *pater bonus*, et non pas *bona* au féminin, ni *bonum* au neutre ; l'adjectif est ici au masculin *bonus*, parce que son substantif *pater* est du masculin. Si le substantif est du féminin, on doit mettre aussi l'adjectif au féminin, comme : la mère bonne, *mater bona*, et non pas *bonus* au masculin, ni *bonum* au neutre ; l'adjectif est ici au féminin *bona*, parce que son substantif *mater* est du féminin. Enfin si le substantif est du neutre, il faut mettre aussi l'adjectif au neutre, comme : le temple saint, *templum sanctum*, et non pas *sancta* au féminin, ni *sanctus* au masculin ; l'adjectif est ici au neutre *sanctum*, parce que son substantif *templum* est du neutre.

2º En nombre, c'est-à-dire que si le substantif est du singulier, l'adjectif doit être mis aussi au singulier, comme : le maître savant, *magister doctus*, et non pas *docti* au pluriel, parce qu'on ne parle que d'un seul maître ; et si le substantif est au pluriel, l'adjectif doit être mis aussi au pluriel, comme : les maîtres savants, *magistri docti*, et non pas *doctus* au singulier, parce qu'on parle ici de plusieurs maîtres.

3º En cas, c'est-à-dire que si le substantif est au nominatif, il faut mettre aussi l'adjectif au nominatif, comme : l'enfant sage, *puer sapiens* ; si le substantif est au génitif, l'adjectif doit être mis aussi au génitif, comme : de l'enfant sage, *pueri sapientis*. Enfin il en est de même de tous les autres cas, tant du nombre singulier que du nombre pluriel, comme : aux femmes babillardes, *mulieribus loquacibus* ; ici l'adjectif *loquacibus* est au datif pluriel, parce que son substantif *mulieribus* est au datif pluriel. — Des mouches importunes, *muscarum importunarum* ; l'adjectif *importunarum* est ici au génitif pluriel féminin, parce que son substantif *muscarum* est au génitif pluriel féminin. — Les bras nerveux, *brachia nervosa* ; l'adjectif *nervosa* est ici au nominatif pluriel neutre, parce que son substantif *brachia* est au nominatif pluriel neutre.

On voit, d'après tous ces exemples, combien avec un peu d'attention et sans les leçons d'un professeur, seulement ayant sous les yeux le tableau de *bonus*, *bona*, *bonum*, page 27, pour les adjectifs de trois terminaisons, et celui de *prudens* et *levis*, page 28, pour les adjectifs d'une et de deux terminaisons; on voit, dis-je, combien il est facile de faire accorder l'adjectif avec le substantif en genre, en nombre et en cas ; et pourtant c'est la règle la plus utile et la plus nécessaire en conversation latine ; elle y joue un très puissant rôle. Elle offre cependant une petite difficulté que l'étudiant, j'en suis sûr d'avance, comprendra aussi aisément que les autres règles, s'il y met toute son application : c'est le rapport de l'adjectif avec plusieurs substantifs singuliers.

Lorsque l'adjectif se rapportera à plusieurs substantifs singuliers, alors il faudra voir si ces substantifs singuliers sont de même genre, ou s'ils ne le sont pas; s'ils sont de même genre, je veux dire, s'ils sont tous masculins, ou tous féminins, ou tous neutres , l'adjectif s'accordera avec ces substantifs en genre et en cas, et devra se mettre au pluriel , parce que deux singuliers valent un pluriel , exemple : le maître et l'écolier ignorants, *magister et discipulus ignari*, et non *ignarus* : 1° je mets l'adjectif *ignari* au pluriel , parce que ses deux substantifs *magister* et *discipulus* sont deux singuliers qui valent un pluriel; 2° je mets l'adjectif *ignari* au masculin, parce que ses deux substantifs *magister* et *discipulus* sont du genre masculin ; 3° enfin je mets l'adjectif *ignari* au nominatif, parce que ses substantifs sont au nominatif. Mais, si les substantifs singuliers sont de différents genres, je veux dire, si les uns sont du masculin, les autres du féminin ou du neutre, alors il faut faire attention s'ils sont animés ou inanimés; s'ils sont animés, c'est-à-dire, s'ils ont vie, l'adjectif s'accordera toujours avec ces substantifs en cas, et on aura soin de le mettre au pluriel et au genre le plus noble (le masculin, en latin, est plus noble que le féminin, et le féminin est plus noble que le neutre); exemple : le père et la mère bons, *pater et mater boni* : 1º je mets l'adjectif *boni* au pluriel, parce que, comme j'ai déjà dit, plusieurs substantifs singuliers valent un pluriel; 2º il est au masculin, parce que le substantif *pater* qui est du masculin est plus noble que le substantif *mater* qui est du féminin.

Si les substantifs singuliers sont inanimés, c'est-à-dire sans vie, alors l'adjectif s'accorde toujours avec les substantifs en cas, et on le met au pluriel neutre, à cause de *negotia* nom pluriel neutre qui est sous-entendu, exemple : la paix et la guerre contraires, *pax et bellum contraria*, sous-entendu *negotia*, c'est-à-dire, la paix et la guerre choses contraires : l'adjectif *contraria* est ici au neutre, parce que ses substantifs *pax* et *bellum* sont inanimés.

Le pronom relatif *qui*, *quæ*, *quod*, suit la même règle que les adjectifs, mais seulement pour le genre et le nombre, exemples : le père qui, *pater qui*; le pronom *qui* est ici au masculin singulier, parce que le substantif *pater* auquel il se rapporte est du masculin singulier. — La mère qui, *mater quæ;* ici le pronom *quæ* est au féminin singulier, parce que le substantif *mater* auquel il se rapporte est du féminin singulier. — Le temple qui, *templum quod;* le pronom *quod* est ici au neutre singulier, parce que le substantif *templum* auquel il se rapporte est du neutre singulier. Il en est de même pour le pluriel, exemple : les temples qui, *templa quæ;* ici le pronom *quæ* est au pluriel neutre, parce que le substantif *templa* auquel il se rapporte est du pluriel neutre.

Remarque.

Cette règle (l'accord de l'adjectif avec le substantif) est si utile en conversation latine ; elle y est surtout si souvent employée, que je ne saurais assez recommander aux possesseurs de mon *Vademecum* de l'étudier avec la plus grande attention, afin de la bien comprendre. C'est pourquoi, lorsqu'ils voudront faire accorder un adjectif avec un substantif, qu'ils aient recours en même temps au tableau auquel sera sujet cet adjectif, pages 27 et 28.

LES PARTICULES *DE*, *DU*, *DE LA*, *DES.*

La particule, ainsi appelée du latin *particula* qui veut dire *parcelle* ou *petite portion*, est, dans certaines langues, une petite partie du discours. Il n'y en a point en latin ; le grec et notre idiome en ont. C'est pourquoi quand les particules *de*, *du*, *de la*, *des*, se trouveront entre deux noms, alors il faudra voir si ces deux substantifs signifient la même chose ou différentes choses ; s'ils signifient la même chose, on aura soin de les mettre tous les deux au même cas : or, on connaîtra que deux noms signifient la même chose, quand on pourra les tourner par *qui s'appelle*, exemple : la ville de Lyon, *urbs Lugdunum ;* ces deux noms sont ici au même cas, parce qu'ils signifient la même chose ; car on peut dire : ville qui s'appelle Lyon, *ou* Lyon qui est ville ; mais si les deux noms signifient différentes choses, alors on mettra le dernier au génitif : or, on connaîtra que deux substantifs signifient différentes choses, quand on ne pourra pas les tourner par *qui s'appelle*, exemple : le chapeau de Paul, *petasus Pauli ;* ici les deux noms ne sont pas au même cas, le dernier est au génitif, parce qu'ils signifient différentes choses ; car on ne peut pas dire : chapeau qui s'appelle Paul, *ni* Paul qui est chapeau. — Le fleuve du Rhône, *fluvius Rhodanus ;* le mois de juin, *mensis junius ;* ces noms sont au même cas, parce qu'ils signifient la même chose ; car on peut dire : fleuve qui s'appelle Rhône, mois qui s'appelle juin ; tandis qu'on ne peut pas dire la même chose de la phrase suivante : les roses des jardins, *rosæ hortorum ;* ici *hortorum* est au génitif, parce que les deux noms signifient différentes choses.

LA PARTICULE *POUR* DEVANT UN VERBE.

Lorsque la particule *pour* se trouvera devant un verbe, alors, comme l'étudiant ne connaîtra, d'après ma Méthode, que le seul verbe *Sum*, je le préviens ici, afin qu'il ne soit pas embarrassé et qu'il trouve extrêmement faciles toutes les règles que je lui enseigne, d'exprimer toujours *pour* par *ad*, et de décomposer ensuite le verbe par le substantif homogène, c'est-à-dire de même nature que le verbe : substantif qu'on aura soin de mettre à l'accusatif, parce que la préposition *ad* le gouverne, exemples : pour sauver la patrie, *tournez*, pour le salut de la patrie, *ad salutem patriæ*. — Pour défendre le pays, *tournez*, pour la défense du pays, *ad tuitionem regionis*. — Pour fortifier la ville, *c'est-à-dire*, pour la fortification de la ville, *ad munitionem urbis*. — Pour élire un député, *décomposez*, pour l'élection d'un député, *ad electionem legati*. — Pour nommer un consul, *tournez*, pour la nomination d'un consul, *ad nominationem consulis*. — Pour demander la paix, *c'est-à-dire*, pour la demande de la paix, *ad postulationem pacis*. — Pour lire un livre, *tournez*, pour la lecture d'un livre, *ad lectionem libri*. — Pour partir, pour voyager, pour marcher, *décomposez*, pour le départ, pour le voyage, pour la marche, *ad profectionem, ad viam, ad incessum*. — Pour manger, pour boire, pour dormir, *tournez*, pour le manger, pour la boisson, pour

le sommeil, *ad cibum*, *ad potum*, *ad somnum.*
— Pour étudier, pour travailler, *décomposez*,
pour l'étude, pour le travail, *ad studium*, *ad
laborem.* — Pour déjeuner, pour dîner, pour
goûter, pour souper, *tournez par les quatre substantifs homogènes*, pour le déjeuner, pour le
dîner, pour le goûter, pour le souper, *ad jen-
taculum*, *ad prandium*, *ad gustarium*, *ad cœnam.*
— Pour cultiver la terre, *c'est-à-dire*, pour la
culture de la terre, *ad arationem terræ.* — Pour
danser, pour chanter, pour jouer, pour pro-
mener, etc., *tournez*, pour la danse, pour le
chant, pour le jeu, pour la promenade, *ad sal-
tationem*, *ad cantum*, *ad ludum*, *ad ambulationem.*
— Pour aimer, pour estimer, pour louer, pour
favoriser, *décomposez*, pour l'amour, pour l'es-
time, pour l'éloge, pour la faveur, *ad amorem*,
ad æstimationem, *ad laudem*, *ad favorem.* — Pour
punir, pour se venger, pour récompenser, *tournez*, pour la punition, pour la vengeance, pour la
récompense, *ad pœnam*, *ad ultionem*, *ad mercedem.*
— Pour châtier les coupables, *ad castigationem
reorum*, le dernier nom se mettant toujours au génitif; enfin il en est de même pour tous les autres
verbes. Cette décomposition, je l'avoue, paraît
ridicule en notre langue; mais elle ne laisse pas
d'être bonne en latin. Telle est, d'après ma Méthode, la puissance du *Nom;* nous allons voir
maintenant celle du verbe *Sum*, aussitôt après
l'exposition de ce verbe *unique.*

INDICATIF PRÉSENT.

Sing. *Sum*, je suis ,
    es ,   tu es ,
    est ,   il est ;
Plur. *sumus*, nous sommes,
    estis ,   vous êtes,
    sunt ,   ils sont.

IMPARFAIT.

Eram ,   j'étais ,
eras ,   tu étais ,
erat ,   il était ;
eramus, nous étions,
eratis ,   vous étiez ,
erant ,   ils étaient.

PARFAIT.

Fui ,   j'ai été ,
fuisti ,   tu as été ,
fuit ,   il a été ;
fuimus, nous avons été,
fuistis , vous avez été ,
fuerunt ou *fuere*, ils ont été.
    On dit aussi : je fus , tu
fus , il fut , nous fûmes ,
vous fûtes , ils furent.
    Ou : j'eus été, tu eus été,
il eut été , nous eûmes été,
vous eûtes été, ils eurent été.

PLUSQUEPARFAIT.

Fueram , j'avais été,
fueras,   tu avais été ,
fuerat ,   il avait été ;
fueramus, nous avions été,
fueratis , vous aviez été,
fuerant , ils avaient été.

FUTUR.

Ero ,   je serai ,
eris,   tu seras,
erit ,   il sera ;
erimus, nous serons ,
eritis ,   vous serez ,
erunt ,   ils seront.

FUTUR PASSÉ.

Fuero,   j'aurai été,
fueris,   tu auras été,
fuerit,   il aura été ;
fuerimus, nous aurons été,
fueritis, vous aurez été,
fuerint , ils auront été.

IMPÉRATIF.

Il n'a jamais de première
personne au singulier.

Es ou *esto* ,   sois,
esto ille, qu'il soit ;
simus ,   soyons,
este ou *estote*, soyez,
sunto , qu'ils soient.

SUBJONCTIF PRÉSENT.

Sim,   que je sois ,
sis ,   que tu sois ,
sit ,   qu'il soit ;
simus,   que nous soyons,
sitis ,   que vous soyez,
sint,   qu'ils soient.

IMPARFAIT.

Essem, que je fusse,
esses, que tu fusses,
esset, qu'il fût ;
essemus, que nous fussions,
essetis, que vous fussiez,
essent, qu'ils fussent.

On dit aussi : je serais,
tu serais, il serait ; nous
serions, vous seriez, ils
seraient.

PARFAIT.

Fuerim, que j'aie été,
fueris, que tu aies été,
fuerit, qu'il ait été ;
fuerimus, que nous ayons
été,
fueritis, que vous ayez
été,
fuerint, qu'ils aient été.

PLUSQUEPARFAIT.

Fuissem, que j'eusse été,
fuisses, que tu eusses
été,
fuisset, qu'il eût été ;
fuissemus, que nous eus-
sions été,
fuissetis, que vous eus-
siez été,
fuissent, qu'ils eussent
été.

On dit aussi : J'aurais
été, tu aurais été, il aurait été, nous aurions
été, vous auriez été,
ils auraient été.

INFINITIF.

PRÉSENT ET IMPARFAIT.

Esse, être, qu'il est,
ou qu'il était.

PARFAIT, PLUSQUEPARFAIT.

Fuisse, avoir été,
qu'il a été, *ou* qu'il
avait été.

FUTUR.

Fore (indéclinable),
ou *futurum* (déclina-
ble), *futuram*, *futurum*
esse, devoir être, qu'il
sera, *ou* qu'il serait.

FUTUR PASSÉ.

Futurum, *futuram*,
futurum fuisse, avoir
dû être, qu'il aurait
été, *ou* qu'il eût été.

PARTICIPE FUTUR.

Futurus, *futura*, *fu-*
turum, devant être, qui
doit être, *ou* qui de-
vait être.

MANIÈRE DE TRADUIRE AVEC FACILITÉ , SANS
MAITRE ET EN PEU DE TEMPS , LES PHRASES
DE NOTRE IDIOME EN MÈRE-LANGUE LATINE.

Le verbe *Sum* veut après lui le même cas que
devant , exemples : le père est méchant , *pater
est malus ;* la mère est bonne , *mater est bona ;* le
temple est saint , *templum est sanctum ;* les Anges
sont heureux , *Angeli sunt felices.*

Le verbe *Sum* est si puissant que , par son
secours , on peut exprimer tous les autres verbes,
excepté l'impersonnel, en se servant du participe
présent pour les verbes actifs , neutres , déponents,
irréguliers , défectueux , et du participe passé
pour les verbes passifs : ce que je vais démontrer
clairement par plusieurs exemples , et par la ré-
ponse aux objections qu'on pourra me faire. Je
prie l'étudiant de prêter ici la plus favorable attention; il n'y a rien de difficile.

Je suppose que vous vouliez traduire en latin
la phrase qui suit : Napoléon aimait la guerre; or
voici de quelle manière vous devez vous y pren-
dre ; il faut commencer par décomposer la phrase,
en disant : Napoléon était aimant la guerre ; alors
1º vous cherchez le mot latin de *Napoléon* dans le
recueil ci-après des noms de toute espèce, au chapitre des noms d'homme page 63 , et vous trouvez
Napoleo ; 2º vous cherchez le mot latin de *était*
dans le verbe *Sum* , page 48 , à l'imparfait de

l'indicatif, troisième personne du singulier, parce que tout nom devant un verbe marque la troisième personne, et vous trouvez *erat;* 3º vous cherchez le mot latin de *aimant*, page 72, au chapitre des participes présents, qui tous se déclinent sur *prudens*, parce qu'ils n'ont, comme cet adjectif, qu'une seule terminaison, et vous trouvez *amans;* 4º enfin vous cherchez le mot latin de *guerre* dans le même recueil, au chapitre des noms inanimés, page 70, et vous trouvez *bellum* que vous mettez à l'accusatif gouverné par *amans*, comme l'enseignera une des règles du chapitre des participes présents; alors la phrase est ainsi construite en latin : *Napoleo erat amans bellum;* ici le participe *amans* est au singulier, parce que *Napoleo* le sujet est du singulier.

Je suppose encore que vous ayez à traduire en latin la phrase suivante : Les Français aiment la glóire; vous la décomposez de la même manière que la première, en disant : Les Français sont aimant la gloire; puis vous cherchez le mot latin de *Français* dans le recueil ci-aprés, au chapitre des noms de peuple, page 64, et vous trouvez *Galli;* 2º vous cherchez le mot latin de *sont* dans le verbe *Sum*, page 48, au présent de l'indicatif, à la troisième personne du pluriel, et vous trouvez *sunt;* 3º vous cherchez le mot latin de *aimant* dans ledit chapitre des participes présents, et vous trouvez *amans* que vous mettez au pluriel *amantes*, parce que *Galli* le sujet est au pluriel; 4º enfin vous cherchez le mot latin de *gloire* dans le chapitre des noms inanimés, et vous trouvez *gloria* que vous mettez à l'accusatif *gloriam* gouverné par *amans*, comme on verra ci-après, et alors la phrase est ainsi construite en latin : *Galli sunt amantes gloriam.* La décomposition est la même pour tous les autres verbes, à l'exception de l'impersonnel privé de participes, et qui n'a que la troisième personne du singulier.

Remarque.

Parmi les participes présents, la plupart veulent le nom qui suit, c'est-à-dire le régime à l'accusatif ; ceux-ci gouvernent le datif, ceux-là l'ablatif, enfin quelques-uns le génitif. Au reste, le cas que gouverne chaque espèce de ces participes est désigné dans le chapitre qui leur est réservé.

Maintenant, pour les verbes passifs, je suppose que vous ayez à traduire cette phrase : Louise a été mordue par un chien ; d'abord, vous cherchez le mot latin de *Louise* dans le chapitre des noms de femme, page 63, et vous trouvez *Ludovica ;* 2° vous cherchez le mot latin de *a été* dans le verbe *Sum*, page 48, au parfait de l'indicatif, à la troisième personne du singulier, et vous trouvez *fuit ;* 3° vous cherchez le mot latin de *mordue* dans le chapitre des participes passés, page 72, et vous trouvez *morsus, morsa, morsum :* or, comme c'est une femme qui a été mordue, et que tous les noms de femme sont du genre féminin,

alors vous ne mettez ni *morsus* au masculiu ,
ni *morsum* au neutre , mais bien *morsa* au féminin , d'après la règle de l'accord de l'adjectif avec
le substantif; 4° enfin vous cherchez le mot latin
de *chien* dans le petit dictionnaire des commençants
que je conseille à l'étudiant de ma Méthode d'ache-
ter, et vous trouvez *canis* que vous mettez à l'ablatif
cane avec *à* ou *ab* , gouverné par le participe
passif, et alors votre phrase est ainsi traduite en
latin : *Ludovica fuit morsa à cane.*

Remarque.

Tous les participes passifs , je veux dire ceux
qui signifient une passion à laquelle est opposée une
action, veulent le nom qui suit à l'ablatif avec la préposition *à* ou *ab* , si ce nom est animé , c'est-à-dire
s'il a vie, et à l'ablatif sans préposition, s'il est inanimé, c'est-à-dire s'il n'a pas vie , s'il est privé de
sang , comme : le méchant puni de Dieu , *improbus*
punitus à Deo ; la préposition *à* est ici avec *Deo* ,
parce que Dieu est animé , Dieu a vie ; mais s'il y
avait : Le méchant puni par les lois , alors il ne faudrait pas : *Improbus punitus à legibus* , mais bien :
Improbus punitus legibus sans préposition, parce que
les lois sont inanimées. — L'écolier studieux aimé de
son maître , *discipulus studiosus à magistro suo*
amatus ; dans cette phrase il faut la préposition avec
magistro , parce que maître est animé ; mais s'il y
avait : L'ouvrier accablé de misère, alors il ne faudrait pas : *Opifex confectus à miseriâ* , mais bien :
Opifex confectus miseriâ sans préposition.

Il est bon de résoudre ici deux objections, qui, si je ne les avais prévenues, m'auraient été infailliblement adressées par les censeurs sévères. — Cette Méthode, diront-ils, pèche 1º en ce qu'elle enseigne des expressions plus longues et toujours homogènes ; 2º en ce qu'on ne peut pas traduire, par le verbe *Sum* et les participes passés, les temps présents et imparfaits des verbes passifs, comme par exemple ces mots : *sum amatus*, ne veulent pas dire : *je suis aimé*, mais bien *j'ai été aimé*. — Je réponds à la première objection qu'à la vérité, d'après ma Méthode, les expressions sont un peu plus longues et se décomposent toujours de la même manière ; mais aussi, que de facilité et d'avantages pour le philoglotte adulte qui désire savoir un peu de latin, et à qui l'âge et les faibles moyens pécuniaires ne permettent pas de fréquenter les colléges ! Que de peines, que de difficultés épineuses ne fais-je pas disparaître pour l'étudiant de mon *Vademecum !* Je le délivre du plus grand obstacle de la langue latine, causé par les différents modes et temps des nombreux verbes latins : obstacle qui, souvent, fait verser des larmes amères aux jeunes écoliers, et leur attire quelquefois *pensum* sur *pensum* (1).
— Quant à la seconde objection, je réponds que, lorsqu'un temps du verbe *Sum*, quel que soit ce temps, précède le participe, alors il peut se traduire ou, du moins, se comprendre en

____

(1) Punition classique.

toute langue dans le même temps explicite et naturel qu'il est en latin. C'était une licence chez les anciens Romains, surtout dans le langage familier : témoins 1º cette expression du peuple en faveur de Tite, citée par Probe : « *Imperator honoribus triumphi sit donatus*, pour *donetur*, Que l'empereur reçoive les honneurs du triomphe; » 2º cette autre expression du même peuple justement irrité contre le fils d'Agrippine, aussitôt après l'horrible spectacle des malheureux Chrétiens que le tyran fit attacher à des perches dans ses jardins et brûler tout vifs, après les avoir fait enduire de poix et de bitume : expression citée par Suétone et Sanctius, comme ayant été affichée jusqu'aux portes du palais de *Néron :* « *Monstrum Româ turpiter sit expulsum*, pour *expellatur*, Que le monstre soit ignominieusement chassé de Rome ; et ailleurs toujours contre le même tyran : « *De illo mox erit actum*, pour *agetur*, Bientôt c'en sera fait de lui. » Telle était souvent la manière de s'exprimer, je ne dis pas de ces savants orateurs qui ont brillé dans le sénat de Rome par leur éloquence et leur style recherché, mais de la classe connue sous le nom de *plebecula* (menu peuple), et même de celle de *civitas* (bourgeoisie). Ce n'est pas tout : non seulement j'ai pour appui de ce que j'avance le langage familier des Romains, mais encore l'usage et l'emploi de pareilles expressions des meilleurs latinistes anciens et modernes. Lactance et Tertullien ont dit, le premier : « *Miseris bonum esto faciens*, pour *fac*, Faites du bien aux malheureux; » le second , parlant des Chrétiens que le martyre multipliait à l'infini : « *Formidinem , si liberet , afferentes essemus*, Nous nous ferions craindre , si nous voulions ; » enfin le savant Malosse , ce célèbre latiniste moderne , n'a pas fait difficulté, dans son histoire de France en style cicéronien , de s'exprimer ainsi au sujet de Henri IV : « *Valdè à sibi subditis erat admodùmque amatus* , pour *amabatur* , Il était très aimé de ses sujets. » Au reste , serais-je privé de témoignages si authentiques , on doit se souvenir de ce que j'ai dit dans ma préface : Le but de mon *Vademecum* n'est pas de faire des *Cicéron* ou des *Quintilien* , mais seulement d'enseigner à quiconque l'étudiera avec goût et attention des étymologies utiles , des solutions importantes , et de le mettre à même d'apprendre seul assez de latin pour son usage.

Remarque.

Avant de donner des phrases à traduire de français en latin selon les principes de ma Méthode , je croirais fortement manquer à mon devoir , si je ne faisais pas, pour l'utilité des étudiants , une explication tout-à-fait courte, facile et précise des questions de lieux et du que retranché si usités en conversation latine. Ces deux règles , les dernières de mon ouvrage , présentent , il est vrai , des difficultés ; mais la manière aisée avec laquelle je les explique , jointe à l'attention qu'y portera l'écolier , sera victorieuse des obstacles.

QUESTIONS DE LIEUX.

Il y a quatre questions de lieux , savoir : la question *quò* , où l'on va ; la question *quà* , par où l'on passe ; la question *undè* , d'où l'on vient ; et la question *ubì* , où l'on demeure.

1° A la question *quò* , les noms de grands lieux où l'on va se mettent à l'accusatif avec la préposition *in* , et les noms de petits lieux à l'accusatif sans préposition ; or , les noms de grands lieux sont les cinq parties du monde , les empires , les royaumes et les provinces ; les noms de petits lieux sont les hameaux , les villages , les bourgs et les villes , exemples : Je partirai demain pour la Russie , *tournez* , je serai partant demain pour la Russie , *ero proficiscens cras in Russiam* ; ici la préposition *in* est avec *Russiam* , parce que la Russie est un nom de grand lieu. — Mon père arrivera bientôt à Lyon , *décomposez toujours la phrase d'après ma Méthode* , mon père sera arrivant bientôt à Lyon , *pater meus erit adveniens brevì Lugdunum* ; ici *Lugdunum* est sans la préposition *in* , parce que Lyon est un nom de ville , c'est-à-dire un nom de petit lieu. — Je vais dans le Languedoc , à Toulouse , *tournez* , je suis allant , etc. , *sum iens in Occitaniam , Tolosam* ; la préposition *in* est ici avec *Occitaniam* , parce que le Languedoc qui est une province est un nom de grand lieu ; tandis que *Tolosam* est privé de la préposition , parce que Toulouse qui est une ville n'est qu'un nom de petit lieu. — Nous allons à la maison, *décomposez*, nous sommes allant à la maison, *sumus euntes domum*.

2° A la question *quà*, tous les noms de lieux quelconques, soit grands, soit petits, par où l'on passe, se mettent à l'accusatif avec la préposition *per*, si l'on se sert de *iter faciens* (*faciens* seul se déclinant), et à l'accusatif sans préposition, si l'on se sert de *transiens*, au pluriel *transeuntes*, formé du génitif singulier *transeuntis*, exemple : Nous passerons par Londres, par toute l'Angleterre, *tournez*, nous serons passant, etc., *erimus iter facientes per Londinum, per cunctam Angliam*, ou sans préposition, *erimus transeuntes Londinum, cunctam Angliam*.

3° A la question *undè*, les noms de grands lieux d'où l'on part, d'où l'on vient, se mettent à l'ablatif avec *è* ou *ex*, *è* devant un mot qui commence par une consonne, et *ex* devant un mot qui commence par une voyelle, afin d'éviter le *hiatus* qui est une sorte de prononciation gênée que cause la rencontre de deux voyelles, dont l'une finit un mot et l'autre commence le suivant, sans qu'il y ait élision, exemple : Je viens de l'Italie, *décomposez*, je suis venant de l'Italie, *sum veniens ex Italiâ*, et non *è Italiâ* ; ici la préposition *ex* est avec *Italiâ*, parce que l'Italie est un nom de grand lieu. Mais si c'était un nom de petit lieu, je veux dire un nom de ville, de bourg, de village, de hameau, alors on doit le mettre à l'ablatif sans préposition , exemple : Les Français reviennent de Constantine, *tournez*, les Français sont revenant de Constantine, *Galli sunt redeuntes Constantinâ ;* ici *Constantinâ* est sans la préposition, parce que Constantine est un nom de ville, un nom de petit lieu.

4° Enfin à la question *ubi*, les noms de grands lieux où l'on est, où l'on demeure, où l'on fait quelque chose, se mettent à l'ablatif avec la préposition *in* , exemple : Il demeure en Autriche , *décomposez*, il est demeurant en Autriche, *est manens in Austriâ ;* ici la préposition *in* est avec *Austriâ* , parce que l'Autriche est un nom de grand lieu; mais lorsque c'est un nom de petit lieu, alors il se met au génitif, s'il est de la première ou seconde déclinaison, exemple : Nous avons des parents à Marseille et à Lyon, *décomposez* , nous sommes ayant des parents à Marseille et à Lyon , *sumus habentes cognatos Massiliæ et Lugduni ;* et si le nom est de la troisième déclinaison singulier , ou de la première pluriel , alors il se met à l'ablatif, exemple : Notre maître a étudié à Tournon et à Athènes , *décomposez* , notre maître a été étudiant , etc. , *magister noster fuit studens Turnone et Athenis.*

DU QUE RETRANCHÉ.

On appelle *que retranché* celui qui ne peut pas se tourner par *lequel* , *laquelle* , exemple : Je crois que Paul est sage ; or, comme on ne peut

pas dire : Je crois lequel Paul est sage , le *que*
ici se retranche , c'est-à-dire qu'il ne s'exprime
pas en latin , on met le nom qui suit à l'accusatif,
et le verbe *Sum* au même temps de l'infinitif
qu'il est à l'indicatif; ainsi la phrase précitée se
traduit comme il suit : *Sum credens Paulum esse
sapientem* , c'est-à-dire , je suis croyant Paul être
sage ; s'il y avait *a été* ou *avait été* , on mettrait
fuisse ; enfin s'il y avait *sera* , on mettrait *fore*.
Autre exemple : Je dis que l'armée a bien agi
pour sauver le Roi et la France , or , comme il y
a dans cette phrase trois verbes qui , d'après les
principes de ma Méthode , doivent se décomposer,
voici comment doit se faire la décomposition : Je
suis disant l'armée avoir été agissant bien pour le
salut du Roi et de la France , *sum dicens exercitum
fuisse benè agentem ad Regis et Galliæ salutem.*
Je sais qu'une telle décomposition paraîtra ridicule
aux yeux des ignorants ; mais je sais aussi que les
latinistes savants , profonds et expérimentés me
rendront témoignage. L'imparfait du subjonctif ,
après le que retranché , se met au futur simple
de l'infinitif, et le plusqueparfait au futur passé ,
exemple : Je sais qu'il serait , qu'il aurait été pru-
dent, *sum sciens illum futurum esse , futurum fuisse
prudentem.*

Remarque.

Le *que retranché* n'a lieu qu'après les verbes *dire* ,
croire , *promettre* , *espérer* , *prétendre* , *savoir* , *être
persuadé* , *tenir pour certain*, et toutes les fois qu'il ne
peut pas se tourner par *lequel* , *laquelle*.

PHRASES SENTENCIEUSES ET MORALES A TRADUIRE
DE FRANÇAIS EN LATIN , SELON LES PRINCIPES
DE MA MÉTHODE.

1. Nous connaissons Dieu par ses œuvres , *décomposez* , nous sommes connaissant Dieu par les œuvres de lui, et puis cherchant chaque mot dans les chapitres convenables de mon *Vademe-cum* , vous traduirez facilement la phrase ; si parfois , en faisant ces petits devoirs , vous ne trouviez pas certains mots dans le recueil ci-après, ne vous rebutez pas pour cela, vous auriez grandement tort , cherchez au contraire ces mots dans le petit dictionnaire français-latin des commençants , et lorsque vous les aurez trouvés , faites en sorte de les graver dans votre mémoire en caractères ineffaçables , et j'ose vous assurer ici que vos progrès seront rapides, à moins que vous ne soyez tout-à-fait inepte.

2. Les impies n'apaisent point Dieu par leurs offrandes, *tournez* , ne sont pas (1) apaisant.

3. Les méchants sont sévèrement punis dans ce monde et dans l'autre , le juste est récompensé.

4. La vertu est l'unique bien de l'homme.

5. La science est la nourriture de l'âme.

6. L'homme qui vit honnêtement a acquis la science utile et nécessaire.

7. La justice est la reine de toutes les vertus.

______

(1) *Ne pas* et *ne point* s'expriment en latin par *non*.

8. La vengeance est un terme contraire à l'humanité, elle est l'aveu d'un cœur méchant.

9. L'amour de la patrie renferme en lui seul tous les autres; chez les Romains il était sacré.

10. La mort pour la patrie est douce, héroïque.

11. C'est un crime de ne pas aimer sa patrie.

12. Il faut élever les enfants en vue de la patrie.

13. Un véritable ami aime son ami comme soi-même, il donnerait sa vie pour lui.

14. Espérons que la concorde, la charité et l'affection règneront bientôt parmi les hommes.

15. Les courtisans flatteurs sont la perte des rois.

16. Le nom d'ami est très commun ; mais la fidélité en est bien rare.

17. Un cœur ingrat trouve sa condamnation dans la haine de tous les hommes.

18. La libéralité est une grande vertu, elle est une portion de la justice.

19. Un cœur libéral gagne la faveur du peuple.

20. Celui qui répand des bienfaits imite les Dieux, et celui qui les redemande est un usurier.

21. Celui-là est odieux qui reproche ses services.

22. Faisons le bien par amour seul pour le bien, et jamais par intérêt.

23. Souffrez de bon cœur les ingratitudes, et rendez toujours le bien pour le mal ; votre ennemi en sera plus sévèrement châtié.

Nota. Pour que l'étudiant de ma Méthode fasse des progrés, il faut qu'après l'avoir bien étudiée, il invente lui-même journellement des phrases, et les traduise seul.

RECUEIL

DES MOTS LES PLUS FAMILIERS.

NOMS D'HOMME (1).		NOMS DE FEMME.	
Adolphe ,	*Adolphus.*	Adèle ,	*Adela.*
Alexandre ,	*Alexander.*	Agathe ,	*Agatha.*
Antoine ,	*Antonius.*	Antoinette ,	*Antonia.*
Auguste ,	*Augustus.*	Benoîte ,	*Benedicta.*
Augustin ,	*Augustinus.*	Catherine,	*Catharina.*
Benoît ,	*Benedictus.*	Dorothée ,	*Dorothæa.*
Charles ,	*Carolus.*	Émilie ,	*Emilia.*
Claude ,	*Claudius.*	Françoise ,	*Francisca.*
Étienne ,	*Stephanus.*	Henriette ,	*Henrica.*
François ,	*Franciscus.*	Joséphine ,	*Josephina.*
Frédéric ,	*Fredericus.*	Julie ,	*Julia.*
George ,	*Georgius.*	Justine ,	*Justina.*
Grégoire ,	*Gregorius.*	Louise ,	*Ludovica.*
Henri ,	*Henricus.*	Lucie ,	*Lucia.*
Joseph ,	*Josephus.*	Mélanie ,	*Melania.*
Jules ,	*Julius.*	Pauline ,	*Paulina.*
Louis ,	*Ludovicus.*	Thérèse ,	*Theresa.*
Napoléon ,	*Napoleo.*	Victoire ,	*Victoria.*
Nicolas ,	*Nicolaus.*	Victorine ,	*Victorina.*
Philippe ,	*Philippus.*	Virginie ,	*Virginia.*

(1) Les noms d'homme et de femme n'ont que le singulier ; les premiers se déclinent sur *famulus*, à l'exception de ceux qui dérivent du grec, et les noms de femme sur *mensa*.

NOMS DES CINQ PARTIES DU MONDE , DES VILLES ET DES PAYS LES PLUS FRÉQUENTÉS , N'AYANT QUE LE SINGULIER , ET SE DÉCLINANT TOUS SUR *MENSA* , PAGE 18 , EXCEPTÉ *LONDINUM*.

Afrique (l'),	*Africa.*	Lithuanie,	*Lithuania.*
Amérique,	*America.*	Pologne,	*Polonia.*
Asie,	*Asia.*	Prusse,	*Prussia.*
Europe,	*Europa.*	Russie,	*Russia.*
Océanie,	*Occania.*	Saxe,	*Saxonia.*
Angleterre,	*Anglia.*	Sibérie,	*Siberia.*
Autriche,	*Austria.*	Turquie,	*Turcia.*
Bohème,	*Bohemia.*	Londres,	*Londinum.*
Bretagne,	*Britannia.*	Marseille,	*Massilia.*
Chine,	*Sina.*	Moscou,	*Moscua.*
Espagne,	*Hispania*	Paris,	*Lutetia.*
France,	*Gallia.*	Rome,	*Roma.*
Hongrie,	*Hungaria.*	Varsovie,	*Varsovia.*
Italie,	*Italia.*	Vienne,	*Vindobona.*

Remarque.

Toutes les fois qu'on adresse la parole à quelqu'un, on met toujours le nom de la personne interrogée au vocatif, exemple : D'où êtes-vous, Monsieur? *undé es , Domine ?* et non pas *Dominus.* — Je suis de France, *sum ex Galliâ;* je suis Français, *sum Gallus;* Italien, *Italus;* Anglais, *Anglus;* Espagnol, *Hispanus ;* Polonais, *Polonus ;* Autrichien, *Austriacus ;* Hongrois, *Hungarius.* — Nous sommes Français, *sumus Galli ;* Polonais, *Poloni ,* etc. — Ce sont des Russes , des Prussiens, *hi sunt Russi , Prutheni.*

PARTIES DU CORPS HUMAIN.

Nota. La lettre *m* , dans les noms suivants , marque le masculin ; la lettre *f*, le féminin ; et la lettre *n* , le neutre.

Barbe ,	*barba* , *æ* , f.	Jambe ,	*crus* , *uris* , n.
Bouche ,	*os* , *oris* , n.	Jarret ,	*poples* , *itis*, m.
Bras ,	*brachium* , n.	Langue ,	*lingua* , *æ* , f.
Cerveau ,	*cerebrum* , n.	Lèvre ,	*labium* , *ii* , n.
Cheveu ,	*crinis* , *is* , m.	Main ,	*manus* , *ús* , f.
Cœur ,	*cor* , *cordis* , n.	Menton ,	*mentum* , *i* , n.
Corps ,	*corpus* , *oris*, n.	Narine ,	*naris* , *is* , f.
Côte ,	*costa* , *æ* , f.	Nez ,	*nasus* , *i* , m.
Cou ,	*collum* , *i* , n.	OEil ,	*oculus* , *i* , m.
Coude ,	*cubitus* , *i* , m.	Ongle ,	*unguis* , *is* , m.
Crachat ,	*sputum* , *i* , n.	Oreille ,	*auris* , *is* , f.
Cuisse ,	*femur* , *oris*, n.	Peau ,	*cutis* , *is* , f.
Dent ,	*dens* , *tis* , m.	Pied ,	*pes* , *pedis* , m.
Doigt ,	*digitus* , *i* , m.	Poitrine,	*pectus* , *oris* , n.
Entrailles	*viscera* , *um*, n.	Rate ,	*splen* , *enis* , n.
Épaule ,	*humerus* , *i*, m.	Reins ,	*renes* , *um* , m.
Estomac,	*stomachus* , m.	Sang ,	*sanguis* , *inis*, m
Foie ,	*jecur* , *oris*, n.	Talon ,	*calx* , *cis* , m.
Front ,	*frons* , *tis*, m.	Tête ,	*caput* , *itis* , n.
Gencive ,	*gingiva* , *æ* , f.	Ventre ,	*venter* , *tris*, m.
Gorge ,	*guttur* , *uris*, n.	Vessie ,	*vesica* , *æ* , f.

Remarque.

Avoir mal à quelque partie du corps se dit en latin *esse laborans* , et la partie à laquelle on a mal se met toujours à l'ablatif, exemple : J'ai mal à la tête , *sum laborans capite;* aux yeux, *oculis;* à la bouche, *ore, etc.*

LES SORTES DE NOURRITURE ET DE BOISSON.

Pain,	*Panis, is*, m.	Salade,	*acetaria*, n.
Chair,	*caro, nis*, f.	Sel,	*sal, salis*, n.
Boudin,	*botellus, i*, m.	Poivre,	*piper, eris*, n.
Saucisse,	*farcimen*, n.	Huile,	*oleum, ei*, n.
Jambon,	*perna, œ*, f.	Vinaigre,	*acetum, i*, n.
Gigot,	*coxa, œ*, f.	Eau,	*aqua, œ*, f.
Ragoût,	*condimentum*.	Vin,	*vinum, i*, n.
Pâté,	*artocreas*, n.	Bière,	*zythus, i*, m.
Soupe,	*offa, œ*, f.	Café,	*cafetum, i*, n.
Beurre,	*butyrum, i*, n.	Sucre,	*saccharum*, n.
Fromage,	*caseus, ei*, m.	Confiture,	*salgama*, n.
Lait,	*lac, lactis*, n.	Liqueur,	*liquor, oris*, m
OEufs,	*ova, orum*, n.	Eau de vie,	*vini latex.*

Remarque.

Toutes les fois qu'on demandera quelque chose en latin, on aura soin de toujours mettre à l'accusatif la chose demandée, exemples : Madame, donnez-nous une bouteille de vin vieux, *décomposez* : Madame, soyez donnant à nous, etc., *Domina, dans esto nobis lagenam vini veteris.* — Monsieur, nous n'avons pas de pain, *c'est-à-dire*, nous sommes n'ayant pas de pain, *Domine, sumus non habentes panem.* — Garçon, du feu et un jeu de cartes, *Puer, ignem et chartulas,* sous-entendu *esto afferens*, apporte. — George, une cruche de bière, *Georgi, urceum zythi.* — Madame, un verre, *Domina, poculum.* — Monsieur, un tapis, *Domine, tapetum.*

LES LÉGUMES.   LES FRUITS.

LES LÉGUMES	LES FRUITS
Ail , *allium , ii*, n.	Amande, *amygdala* , f.
Asperge , *asparagus*, m.	Cerise , *cerasum , i*, n.
Artichaut, *cinara* , *æ*, f.	Châtaigne *castanea* , *æ*, f.
Capre, *capparis, is*, f.	Citron , *citreum, ei*, n.
Cerfeuil , *cherephyllum*.	Coing , *cotoncum* , n.
Chou , *brassica , æ*, f.	Figue , *ficus , ûs*, f.
Chicorée, *cichoreum* , n.	Mûre , *morum , i* , n.
Épinards, *spinachia* , n.	Noix , *nux , nucis* , f.
Melon , *pepo, onis*, m.	Olive , *oliva , æ* , f.
Navet , *napus , i* , m.	Orange, *malum aureum*.
Oignon , *cæpa , æ*, f.	Pêche , *malum persi-*
Oseille , *lapathum* , n.	*cum*.
Persil , *apium , ii*, n.	Poire , *pyrum , i* , n.
Porreau , *porrus , i*, m.	Pomme, *malum , i* , n.
Rave , *rapa , æ*, f.	Raisin , *uva , æ* , f.
Pomme de terre , *malum*	Poire de bon chrétien ,
terrenum, n.	*pyrum volemum , i* , n.

LES HABITS.

Bas , *tibialia* , n.	Mouchoir, *sudariolum*, n
Bonnet , *pileus , i*, m.	Pantalon, *subligar* , n.
Botte , *ocrea , æ*, f.	Pantoufle , *crepida, æ*, f.
Bottine , *caliga, æ*, f.	Robe , *toga , æ* , f.
Chapeau , *petasus, i*, m.	Sabots , *gallicæ*, f. p.
Coiffe , *calantica* , f.	Soulier , *calceus, ei*, m.
Escarpin , *calceolus*, m.	Veste , habit , redingote ,
Manteau , *pallium* , n.	ou gilet , *vestis , is* , f.

CE QUI SERT A LA MAISON , A LA TABLE ET A LA CUISINE.

Assiette, *quadra*, *æ*, f.
Balcon, *pedium*, *ii*, n.
Banc, *scamnum*, *i*, n.
Bassin, *pelvis*, *is*, f.
Bouteille, *lagena*, *æ*, f.
Buffet, *abacus*, *i*, m.
Chaise, *cathedra*, *æ*, f.
Chandelle *candela*, *æ*, f.
Chaudron *ahenum*, *i* n.
Chevet, *cervical*, *is*, n.
Cheminée *caminus*, *i*, m.
Clé, *clavis*, *is*, f.
Clou, *clavus*, *i*, m.
Coffre, *capsa*, *æ*, f.
Couteau, *culter*, *ri*, m.
Cruche, *urceus*, *ei*, m.
Cuiller, *cochlear*, *is*, n.
Cuisine, *coquina*, *æ*, f.
Cuve, *labrum*, *i*, n.
Drap, *linteum*, *ei*, n.
Écuelle, *scutella*, *æ*, f.
Feu, *ignis*, *is*, m.
Fenêtre, *fenestra*, *æ*, f.
Grenier, *horreum*, *ei*, n.
Hache, *securis*, *is*, f.

Latrines, *latrinæ*, f. p.
Lit, *cubile*, *is*, n.
Maison, *domus*, *ûs*, f.
Marmite, *olla*, *æ*, f.
Matelas, *culcitra*, *æ*, f.
Mortier, *mortarium*, n.
Pilon, *pilum*, *i*, n.
Porte, *porta*, *æ*, f.
Puits, *puteus*, *ei*, m.
Pelle, *batillum*, *i*, n.
Pincettes, *forceps*, m.
Poèle, *sartago*, *inis* f.
Réchaud, *foculus*, *i*, m.
Robinet, *epistomium*, n.
Salière, *salinum*, *i*, n.
Salle, *aula*, *æ*, f.
Serviette, *mantile*, *is*, n.
Sac, *saccus*, *i*, m.
Seau, *situla*, *æ*, f.
Torchon, *peniculus*, m.
Toit, *tectum*, *i*, n.
Tonneau, *dolium*, *ii*, n.
Verre, *poculum*, *i*, n.
Vitres, *vitrea*, n. p.
Volière, *aviarium*, n.

POUR CE QUI REGARDE LE BLÉ

Avoine ,	*avena , æ* , f.	Ivraie,	*lolium , ii* , n.
Blé ,	*frumentum,* n.	Lentille ,	*lens , tis* , f.
Épi ,	*spica , æ,* f.	Moisson,	*messis , is* , f.
Farine ,	*farina , æ,* f.	Moulin ,	*pistrinum , i,* n.
Froment,	*triticum, i,* n.	Orge ,	*hordeum , ei,* n.
Fève ,	*faba , æ* , f.	Paille ,	*palea , æ* , f.
Foin,	*fenum , i,* n.	Pois ,	*Pisum , i* , n.
Gerbe,	*manipulus* , m.	Riz,	*oriza , æ* , f.

DU TEMPS ET DE SES PARTIES.

Éternité ,	*æternitas,* f.	Jour,	*dies* , f.
Siècle ,	*seculum* , n.	Lundi ,	*lunæ dies.*
Année ,	*annus,* m.	Mardi ,	*Martis dies.*
Mois ,	*mensis* , m.	Mercredi ,	*Mercurii dies.*
Janvier ,	*januarius.*	Jeudi ,	*Jovis dies.*
Février ,	*februarius.*	Vendredi ,	*Veneris dies.*
Mars ,	*martius.*	Samedi ,	*sabbati dies.*
Avril ,	*aprilis.*	Dimanche,	*Domini dies.*
Mai ,	*maius.*	Semaine ,	*hebdomas.*
Juin ,	*junius.*	Heure ,	*hora , æ,* f.
Juillet ,	*julius.*	Minute ,	*minuta* , f.
Août ,	*augustus.*	Seconde ,	*secunda* , f.
Septembre ,	*september.*	Temps ,	*tempus* , n.
Octobre ,	*october.*	Enfance,	*pueritia* , f.
Novembre ,	*november.*	Jeunesse ,	*juventus,* f.
Décembre ,	*december.*	Vieillesse ,	*senectus* , f.

NOMS INANIMÉS.

Brouillard ,	*nebula* , f.	Chagrin ,	*mœror*, m.
Nuage ,	*nubes* , f.	Douleur ,	*dolor* , m.
Orage ,	*procella*, f.	Mort ,	*mors* , f.
Pluie ,	*imber* , m.	Vie ,	*vita* , f.
Gelée ,	*gelu* , n.	Bataille ,	*prælium*, n.
Clace ,	*glacies*, f.	Combat ,	*pugna* , f.
Grêle ,	*grando* , f.	Victoire ,	*victoria* , f.
Neige ,	*nix* , f.	OEuvre ,	*opus* , n.
Rosée ,	*ros* , m.	Offrande ,	*donum* , n.
Vent ,	*ventus* , m.	Monde ,	*mundus*, m.
Éclair ,	*fulgur* , n.	Bien ,	*bonum* , n.
Foudre ,	*fulmen* , n.	Science ,	*scientia* , f.
Tonnerre ,	*tonitru* , n.	Nourriture,	*cibus* , m.
Guerre,	*bellum* , n.	Vengeance ,	*ultio* f.
Gloire ,	*gloria*, f.	Terme ,	*verbum* , n.
Éloge ,	*elogium*, n.	Humanité ,	*humanitas*.
Amitié ,	*amicitia*, f.	Aveu ,	*confessio*, f.
Justice ,	*justitia* , f.	Patrie ,	*patria* , f.
Vertu ,	*virtus* , f.	Crime ,	*crimen* , n.
Concorde ,	*concordia*.	Charité ,	*charitas* , f.
Amour,	*amor* , m.	Affection ,	*affectio* ,

NOMS DE DIGNITÉ ET DE HAUT RANG.

Dieu ,	*Deus*.	Prince	*princeps*.
Ange ,	*angelus*.	Général ,	*dux*.
Empereur ,	*imperator*.	Préfet ,	*præfectus*.
Roi ,	*rex*.	Magistrat ,	*magistratus*.

NOMS DE NOMBRE.

Les noms de nombre sont ceux qui servent à compter; il y en a de deux sortes , savoir : les cardinaux et les ordinaux.

Les nombres cardinaux , dont l'origine vient du mot latin *cardo* qui veut dire *base* , parce qu'ils sont le fondement des autres , sont des espèces d'adjectifs qui désignent la quantité des objets , comme *un* , *deux* , *trois* , *cent* , *mille* , etc.

Les nombres ordinaux , dont l'étymologie vient du latin *ordo* qui signifie *ordre* , sont ceux qui expriment le rang , comme *premier* , *second*, etc.

NOMBRES CARDINAUX ET ORDINAUX.

Un ,	*unus , a , um.*	Dix-sept,	*septemdecim.*
Deux ,	*duo , æ , o.*	Dix-huit,	*octodecim.*
Trois,	*tres , tria.*	Dix-neuf,	*novemdecim.*
Quatre ,	*quatuor.*	Viugt ,	*viginti.*
Cinq ,	*quinque.*	Trente ,	*trigintà.*
Six ,	*sex.*	Quarante,	*quadragintà.*
Sept ,	*septem.*	Cinquante,	*quinquagintà.*
Huit ,	*octo.*	Soixante,	*sexagintà.*
Neuf ,	*novem.*	Cent ,	*centum.*
Dix ,	*decem.*	Mille ,	*mille* , etc.
Onze ,	*undecim.*		
Douze ,	*duodecim.*		
Treize,	*tredecim.*		
Quatorze,	*quatuordecim.*		
Quinze,	*quindecim.*		
Seize ,	*sexdecim.*		

Quant aux nombres ordinaux, ils sont : *Primus, secundus, tertius, quartus, quintus, sextus, septimus, octavus, nonus* , etc. , se déclinant sur *bonus , a , um*

PARTICIPES PRÉSENTS LES PLUS UTILES, GOUVERNANT L'ACCUSATIF.		PARTICIPES PASSÉS GOUVERNANT L'ABLATIF AVEC *A* OU *AB*.	
Achetant ,	*emens.*	Aimé ,	*amatus.*
Aimant,	*amans.*	Apaisé ,	*placatus.*
Apaisant ,	*placans.*	Assiégé ,	*obsessus.*
Assiégeant ,	*obsidens.*	Demandé,	*petitus.*
Avertissant ,	*monens.*	Désiré ,	*cupitus.*
Brisant ,	*frangens.*	Fait ,	*factus.*
Buvant ,	*bibens.*	Fortifié ,	*munitus.*
Connaissant ,	*noscens.*	Loué ,	*laudatus.*
Cultivant,	*colens.*	Épouvanté;	*territus.*
Demandant ,	*petens.*	Mordu ,	*morsus.*
Désirant ,	*cupiens.*	Trahi ,	*proditus.*
Écoutant,	*audiens.*	Offensé ,	*offensus.*
Écrivant ,	*scribens.*	Pris ,	*captus.*
Enseignant ,	*docens.*	Révolté ,	*rebellatus.*
Épouvantant ,	*terrens.*	Salé ,	*salsus.*
Faisant ,	*faciens.*	Séparé ,	*segregatus.*
Lisant ,	*legens.*	Sauvé ,	*servatus.*
Louant ,	*laudans.*	Surpassé ,	*superatus.*
Mangeant ,	*edens.*	Troublé ,	*turbatus.*
Renfermant ,	*includens.*	Vaincu ,	*victus.*

Nota. Favorisant, *favens;* étudiant , *studens ;* nuisant , *nocens ;* contentant, *satisfaciens ;* pardonnant , *parcens,* gouvernent le datif.

Interrogé , *interrogatus.*
Cuit , *coctus.*
Puni , *punitus.*

DIALOGUES EN STRICTE LATINITÉ.

1° POUR S'INFORMER DE LA SANTÉ.

A. Bon jour , Monsieur, comment va l'état de votre santé?

A. Salve , Domine , quomodò tibi est ?

B. Très bien , mon cher ami ; et Monsieur, Madame et ses enfants , comment se portent-ils ?

B. Optimè , care mi amice ; et tibi , uxori tuæ liberisque tuis quomodò est?

A. A merveille , je vous remercie.

A. Mirè , tibi gratias ago.

B. Allons, tant mieux , vous les assurerez de l'intérêt que je prends à leur santé , et vous leur direz que j'irai bientôt les voir.

B. Age , tantò meliùs , salvere illos velim jubeas , dicasque me brevì eos esse invisurum.

A. Je ne manquerai pas , je vous suis infiniment obligé. Adieu, portez-vous bien.

A. Certè dicam , de me valdè mereris. Ave , benè valeas.

2° POUR DEMANDER DES NOUVELLES.

A. Que lisez-vous , monsieur Henri? il paraît que vous êtes fort attentif.

A. Quid legis, domine Henrice ? videtur te esse attentissimum.

B. Je lis les journaux.

B. Lego diurna.

A. Que disent - ils ?

A. Quid novi dicunt ?

4

B. Il y a des choses très intéressantes aujourd'hui ; ils parlent d'une amnistie que Nicolas va accorder aux Polonais.

A. Dieu le veuille : il est tout-à-fait beau, pour un roi, de pardonner à ses sujets.

B. Oui, la plus belle victoire qu'un monarque puisse remporter, c'est de pardonner à ses ennemis, pour en faire des amis.

A. Hélas! Antonin-le-Pieux pardonna ; César Auguste pardonna ; les empereurs Vespasien et Tite pardonnèrent ; Napoléon et Louis Philippe ont pardonné; toutes les grandes âmes pardonnent; il faut espérer que l'empereur de Russie pardonnera également.

B. Que le Seigneur vous exauce.

B. Sunt res maximi momenti hodiè ; de abolitione Polonis à Nicolao brevi concedendá loquuntur.

A. Faxit Deüs : valdè regi decorum sibi subditis parcere.

B. Certè, maxima victoria quam rex impetrare possit, sibi inimicis est ignoscere, ut amici fiant.

A. Heu ! Antoninus Pius pepercit ; Cæsar Augustus pepercit ; imperatores Vespasianus et Titus pepercerunt ; pepercere Napoleo et Ludovicus Philippus ; parcunt magni omnes animi ; sperandum est fore ut quoque parcat imperator Russiæ.

B. Exaudiat te Dominus.

3º POUR LIER AMITIÉ AVEC DES ÉTRANGERS.

A. Veuillez, Messieurs, excuser notre curiosité ; de quel pays êtes-vous ?

A. Nobis, Domini, curiositatem excusare libeat ; undè estis ?

B. Nous sommes Français ; et vous, camarades, d'où êtes-vous ?

Sumus Galli ; et vos, sodales, ex quá regione ?

A. Nous sommes Polonais, originaires de Varsovie.

A. Sumus Poloni, Varsoviæ nati.

B. Êtes-vous allés en France quelquefois ?

B. Galliamne petiistis aliquandò ?

A. Oui, Messieurs ; nous étions à Paris, à l'époque des trois célèbres journées de juillet ; nous y avons même pris part en qualité de frères, et aussitôt après la victoire, nous avons mêlé notre voix avec celle des braves Parisiens, lorsqu'ils ont entoné cette hymne immortelle que vous appelez *Marseillaise*, et que nous vous prions instamment de chanter ici.

A. Petiimus, Domini; Lutetiæ eramus, dierum trium mensis julii tempore celebrium quorum, ut fratres, etiam participes fuimus ; brevìque post victoriam, heroibus cum Parisiis hymnum hunc cecinimus immortalem qui Massiliensis fert nomen Cantilenæ, quemque canatis hìc instanter oramus.

B. Volontiers , chers amis , joignez vos voix aux nôtres.

B. Libenter , amici cari , nobiscum cantate.

Remarque.

Avant d'exposer ici ma traduction de la *Marseillaise* , j'ai jugé à propos de faire savoir le motif pour lequel je l'ai traduite :

M. Poupar , ancien inspecteur de l'Académie de Lyon, mon protecteur , m'avait retiré en 1826 du collége de Nantua (Ain) où j'étais régent des classes élémentaires , pour me placer professeur de seconde au pensionnat de St-Vallier (Drôme) , alors très renommé. Je jouissais, dans cette petite et charmante ville située sur les bords du Rhône , d'un bonheur inexprimable, lorsque tout-à-coup éclatèrent les trois immortelles journées de juillet. Les pères de famille, qui avaient leurs enfants au pensionnat , tous ardents libéraux et la plupart excellents latinistes, enthousiasmés de voir flotter au milieu du pont de St-Vallier le drapeau tricolore qui les avait tant de fois menés à la victoire, vinrent me prier de traduire la *Marseillaise* en vers latins prosaïques , et de la faire chanter en chœur aux élèves, me promettant, pour les électriser davantage , de joindre leur voix mâle à leur voix enfantine. J'acquiesçai volontiers aux désirs de ces bons et généreux Français ; je fis même plus : sachant que quelques-uns d'entr'eux étaient hellénistes , je voulus aussi traduire la *Reine des chansons* en vers grecs doriens-rimés. Il serait difficile de décrire la joie et la satisfaction qu'en eurent ces respectables guerriers, vieux débris de 89. Ils me remercièrent infiniment ; puis, se donnant des festins réciproques et somptueux où j'étais convié, ils n'y chantaient d'autre hymne que la *Marseillaise*, tantôt en français, tantôt en latin, tantôt en grec. Oh ! que de *toast* portés à la *Liberté*, au *Drapeau tricolore*, à l'*Honneur français*, au *grand Homme*, etc., etc. ! J'ose avancer ici que ce sont les plus beaux et les plus heureux jours que j'aie passés dans ma jeunesse. J'aurais pu cependant conserver mon bonheur en demeurant à St-Vallier : car j'avais gagné par mon zèle professoral la confiance des pères de famille et l'amitié des élèves ; mais voulant étudier et connaître par moi-même dans une grande ville le but de notre révolution, je me rendis dans la seconde capitale, d'où j'adressai, pour rentrer dans un collége, une pétition à M. le Ministre des cultes et de l'instruction publique, qui ne daigna ou peut-être ne put l'exaucer par rapport à l'urgence des affaires. Ma demande rejetée, et mon départ de St-Vallier étant cause que mes amis placèrent leurs enfants, les uns au collége de Valence, les autres à celui d'Annonai. je fus et suis encore sans place depuis cette époque (1831), forcé de lever journellement la lettre des cassetins pour vivoter, mais ayant une entière et pleine conviction que je ne tarderai pas d'être réintégré dans mes droits. *Magna feliciorum me confortat dierum spes.*

LA *MARSEILLAISE* EN TROIS LANGUES.

FRANÇAISE.	GRÈQUE.
1.	**1.**
Allons, enfants de la patrie,	Τῆς πατρίδος ἥρωες, εἷα,
Le jour de gloire est arrivé !	Εστί τῆς δόξῆς ἡμέρα !
Contre nous de la tyrannie,	Οἱ φχῦλοί δεσπόται κατ'ἡμῶν
L'étendard sanglant est levé.	Αἵματος ποιοῦσι πολεμον.
Entendez-vous dans vos cam- pagnes,	Εν τοῖς ἀγροῖς ἀκούονται Τούτῶν φονέῶν αἱ φωναί ;
Mugir ces féroces soldats;	Ιασιν εἶς τὰς αγκαλάς
Ils viennent jusque dans vos bras,	Κτανεῖν παῖδας, γυναικας.
Égorger vos fils et vos com- pagnes ;	Μετ'ὁπλῶν πολίται,
Aux armes, citoyens ! for- mez vos bataillons;	Εστε στρατιῶται,
Marchons (*bis*), qu'un sang impur abreuve nos sillons.	Ευγε, ευγε, δι4ῆ φαῦλον Αἷμα πατρίς ἡμῶν.
2.	**2.**
Que veut cette horde d'es- claves,	Φονέες οὗτοι τί βούλονται,
De traitres, de rois conjurés?	Βασιλέες καί δεσπόται ;
Pour qui ces ignobles en- traves,	Αὐστερῶν τισί τούτο νόμῶν
Ces fers dès long-temps pré- parés?	Μακροῦ χρόνοῦ κάμνουμε- νῶν ;
Français, pour nous, ah ! quel outrage !	Ημῖν, Φραγκοί, ὑβρίζομετα, Αὐτίκα πκρῆ τιμωρία ;
Quels transports il doit ex- ciier,	Εθέλοίεν αυτοκραταί
C'est nous qu'on ose méditer	Ημᾶς δουλεῦον ὅσπερ πάλαι. Μετ'ὁπλῶν.....

De rendre à l'antique escla-
vage ;

Aux armes, etc.

3.

Quoi ! des cohortes étran- gères	Επήλυδες κατ'ἡμᾶς βαβαι, Ποίοιεν νόμον στρατίαι !
Feraient la loi dans nos fo- yers !	Τινές, πρίαμεναί, φαλάνγες Κτείνοιεν ἡμῶν ἥρωες !
Quoi ! ces phalanges mercé- naires	Οὐκ ἐλευθεραῖς, ζευ, ταῖς χερσι
Terrasseraient nos fiers guerriers !	Ἡμῖν οὐ δύναμις ἐστι ! Πονηροί τινές ἐσονται,
Grand Dieu ! par des mains euchaînées,	Ιού ! τῶν ἡμῶν δεσπόται ! Μετ'ὅπλῶν....
Nos fronts sous le joug se ploîraient !	
De vils despotes devien- draient	
Les maîtres de nos destinées !	
Aux armes, etc.	

4.

Tremblez, tyrans et vos perfides,	Αυτοκραταῖς ὦ δειλία, Μερίδων ἡ πάντων ἀρὰ !
L'opprobre de tous les partis !	Πὅη μισθὸς ὑμέτεραῖς
Tremblez, vos projets par- ricides	Εσεται πρᾶξιτι κακαῖς. Εσμέν ἐγγὺς μαχεσται πάν- τες,
Vont enfin recevoir leur prix.	
Tout est soldat pour vous combattre,	Ει πικτουσιν ἥρωες, Αλλούς ποιει Φράγκια,
S'ils tombent nos jeunes hé- ros,	Μαχόμενούς κατ'ὑμᾶς αὐ- τίκα.
La France en produit de nouveaux,	Μετ'ὅπλῶν....

Contre vous tout prêts à se
battre ;
Aux armes , etc.

5.

Nous entrerons dans la
carrière ,
Quand nos aînés ne seront
plus.
Nous y trouverons leur
poussière
Et l'exemple de leurs vertus.
Bien moins jaloux de leur
survivre ,
Que de partager leur cercueil,
Nous aurons le sublime or-
gueil
De les venger ou de les suivre.
Aux armes , etc.

6.

Amour sacré de la patrie ,
Conduis , soutiens nos bras
vengeurs.
Liberté , liberté chérie ,
Combats avec tes défenseurs.
Sous nos drapeaux que la
victoire
Accoure à tes mâles accents,
Que tes ennemis expirants
Voient ton triomphe et notre
gloire ;
Aux armes , etc.

5.

Εσόμεθα στρατιῶται ,
Οταν ἄνδρες οὐκ ἔσονται.
Ἡμῖν παρέσται σποδός αὐτῶν
Καί μάθημα τῶν ἀρητῶν.
Ησσον βουλόμενοι του βίου
Η τούτῶν ἡρωῶν νεκρου ,
Τῆς τιμωρίας μεγάλην
Η του θάνατου δόξάν εχσο-
μεν.

Μετ᾽ὅπλῶν....

6.

Ιερά πατρίς , ἀμύνοσι
Αρήγε ταῖς ἡμῶν χερσι !
Ελεύθερια φιλουμένη ,
Τοῖς ἥρωσι σοῦ συμμαχε !
Ημεῖς ιόντες νικῶμεν
Αὐτίκα κατά σοῦ φωνήν,
Πόλεμιοί θνέσκοντες
Σοῦ κ᾽ἡμῶν δόχης ὥσι μαρ-
τυρες.

Μετ᾽ὅπλῶν....

LATINE.

1.

Agitedùm , cives patriæ ,
Dies emicat gloriæ !
Contra nos diræ tyrannidis
Vexillum stetit cruoris.
Per colles auditisne (1) et montes
Truces istos mugientes ;
Vestra ruunt in brachia
Occisum filios, connubia (2) ;
Adsint arma , cives! struantur agmina ,
Citò (bis) *sata fœdus cruor riget arva.*

2.

Ista quorsùm turba servorum ,
Proditorum , tyrannorum ?
Turpia quibus hæc vincula ,
Jamdudùm tendunt parata ?
Galli , nobis , ó convicium !
Iram nostram excitaturum ;
Audent , insani , tentare
Nos eis sicut olim servire ;
Adsint , etc.

3.

Venientes , heu! turbæ foris
Imponerent legem nobis.
Gregariæ , quid ! hæ cohortes

(1) Le caractère romain signifie qu'il y a élision.
(2) par synecdoque pour *uxores.*

Nostros cæderent milites.
Ens entium ! ligatis dextris
Conficeremur, nos, jugis ;
Fierent tyranni viles
Fati nostri gubernatores !
Adsint, etc.

4.

Tyrannis tremor et perfidis,
Parti probro sint cuivis.
Istorum nequam facinora
Sunt pænas mox solutura.
Omnes Galli nunc sunt milites,
Nostri si cadant heroes,
Patria gignit alios
Contra vos illicò pugnaturos.
Adsint, etc.

5.

Intererimus armiferi,
Cùm non erunt fratres nostri.
Invenietur horum pulvis,
Exemplum quoque virtutis.
Vitæ minùs cupidi nostræ
Quàm mortis eorum pulchræ,
Nobis erit ulciscendi
Superbia, vel eos sequendi.
Adsint, etc.

6.

Amor sanctissime patriæ,
Manus tuere vindictæ.
Libertas, libertas dilecta,

Cum patronis tuis pugna.
Gallica nostra sub vexilla
Ad te currat victoria ;
Hostes tui pereuntes

Te nosque videant triumphantes.
Adsint , etc.

POUR DEMANDER L'HEURE.

Toutes les fois qu'on demandera l'heure qu'il est , le quantième du mois , enfin l'ordre et le rang par rapport au nombre , on se servira toujours de l'adjectif *quotus, quota , quotum ,* et non de *qualis* ni de *quantus ,* et au lieu de répondre par les nombres cardinaux *unus, duo , tres ,* etc. , on répondra toujours par les ordinaux *primus , secundus , tertius ,* etc. , exemples :

A. Madame , quelle heure est-il ?　　　*A. Domina , quota hora est?*

B. Monsieur , il est une heure.　　　*B. Domine, prima hora.*

— Il est deux heures , *secunda ;* trois , *tertia ;* quatre , *quarta;* cinq , *quinta ;* six , *sexta ;* sept , *septima ;* huit , *octava ;* neuf , *nona;* dix, *decima.* onze , *undecima ;* midi , *meridiana ;* sous entendu partout *hora* — Il est minuit , *nox media est.*

FIN.